불유교경
佛遺教經

THE BEQUEATHED TEACHINGS SUTRA
with Commentary of Master YongHua

불유교경
佛遺教經

영화 스님 강설
상욱 스님 · 현안 스님 · 김윤정 옮김

어의오하

『불유교경』 강설은 2008년 미국 캘리포니아 실리콘밸리의 산호세에 위치한 베트남 사찰의 초청으로 매주 1회 영어와 베트남어로 진행되었다. 이 책은 이때 강설한 내용을 묶은 것이다.

목차

I 서분 序分   015

II 정종분 正宗分   027

세간법의 본질을 설명하다   029

삿된 업을 다루고 다스리는 법요   030
계율을 지키다.   031
청정한 계율에서 멀어지는 방편들   037
계율로 모든 공덕을 지을 수 있다.   054
계율을 지키는 이점   058

괴로움에 대응하고, 괴로움을 다스리고, 멈추는 법요   063
감각기관, 욕망 그리고 방일에 대한 대응책   064

과식으로 인한 괴로움에 대한 대응책	081
방일과 졸음으로 인한 괴로움에 대한 대응책	087

번뇌를 다루고 제거하는 법요 096
분노의 번뇌 장애를 다스리다.	097
교만의 번뇌를 막는다.	110
아첨의 번뇌를 피하다.	115

출세간법의 법요 122
구함이 없는 공덕	123
만족의 공덕	130
원리의 공덕	140
정진의 공덕	147
불망념의 공덕	154
선정의 공덕	166
지혜의 공덕	174
궁극의 공덕, 불희론	184

III 유통분 流通分   191

수행하라는 간곡한 권유   193

모든 의심을 없애다.   200

의심을 잘라 버리다.   207
남아있는 의심을 드러내다.   208
이런 의심에 끝을 내다.   214
유위법과 무상을 반복해 말하다.   219

최후의 가르침   225

들어가며

『불유교경』 법회에 오신 것을 환영합니다.

나의 스승이자 미국의 첫 정통 불교 조사이며, 법계불교총회(DRBA)와 만불성성(CTTB)을 설립한 선화 상인(宣化 上人, 1918~1995)은 단 한 사람의 청중을 위해서라도 설법하는 것이 마땅하다고 말씀하셨습니다. 우리는 더 나아가 사람들이 대승의 이치에 접근할 수 있도록 다양한 언어로 번역하는 데 노력을 기울입니다.

나는 선화 상인의 가르침을 중국어에서 영어로 번역하는 일을 훌륭히 해주신 법계불교총회(DRBA)에게도 감사의 말씀을 드리고 싶습니다. 그들이야말로 대승 문헌의 번역을 가장 훌륭하게 해냈습니다. 내가 처음 대승을 공부하기 시작했을 때, 그들의 번역물은 큰 기반이 되었습니다. 여기서 나는 불경의 한문 원문에 대한 나의 이해를 여러분에게 좀 더 정확하게 전달하기 위해서 그들의 번역문을 약간 수정했습니다.

이 경전은 불교의 대호법자였던 황제 요흥(姚興, 344-413 A.D.) 시대에 번역되었습니다. 이 경전의 원제는 『불수반열반약설교계경佛垂般涅槃略說教誡經』인데, 일반적으로 『불유교경佛遺教經』으로 더 잘 알려져 있습니다. 천태天台의 전통에 따라서 오중현의(五重玄義. 다섯 가지 심오한 의미)를 통해 이 경전의 개요를 살펴보겠습니다.

1. 이름(名) : 이는 한 사람(부처님)과 법(유교)을 뜻한다.
2. 본체(體) : 부처님이 평생 설한 권교權教와 실교實教를 말한다.
3. 교리(教) : "비구들이여! 내가 멸도한 후, 바라제목차를 존중하고 공경해야 한다. … 이제부터 나의 모든 제자는 내가 이 세상에 실제로 존재하는 것과 다르지 않게 계속해서 수행해야 한다. 그러면 여래의 법신이 항상 존재할 것이고, 법신은 파괴될 수 없을 것이다."
4. 기능(用) : 다섯 감각기관을 다스리기 위하여 마음을 사용한다. 사성제를 염한다. 해탈을 얻을 때까지 일심으로 수행한다.
5. 시대(宗) : 법화·열반 시대이다.

'불佛'은 산스크리트어로 '깨달은 존재'를 뜻합니다. 깨달음에는 세 종류가 있습니다.

1. 본각本覺 : 처음 우리는 무명합니다. 우리의 본성(불성)은 아직 가려져 있습니다.
2. 시각始覺 : 스승으로부터 대승을 배운 후에야 수행하고 그 이치를 깨닫기 시작합니다.

3. 원각圓覺 : 마침내 부처님의 지혜를 얻게 됩니다.

'유遺'는 뒤에 남긴다, 다음 세대에 유산을 물려준다는 의미입니다.

'교敎'는 부처님이 열반에 들어가기 전 따르는 이들에게 준 마지막 지침입니다.

이 경전은 인도에서 아주 유명한 비구였던 구마라집(鳩摩羅什, 344~413) 삼장법사가 산스크리트어에서 중국어로 번역했습니다. '법사法師'란 출가자를 의미하며, 산스크리트어로 사문沙門입니다. 사문은 삼무루학三無漏學인 계정혜戒定慧를 수행 정진하고 삼독(三毒, 탐진치貪瞋痴)을 소제掃除하기 위해 노력합니다.

'삼장三藏'이란 불교의 세 가지 주요 장藏인 율장律藏, 경장經藏, 논장論藏을 뜻합니다.
율장은 도덕과 규정의 규칙에 관한 공부입니다. 경장은 부처님의 모든 설교 즉 불교의 모든 이치를 담고 있습니다. 이는 선정禪定의 공부입니다. 논장은 부처님의 깨달은 제자들이 남긴 주석을 담고 있어서 지혜를 공부할 수 있게 해줍니다.
구마라집은 이 모든 삼장에 완전히 정통하여 '삼장법사'라고 불립니다. 우리도 대장경의 삼장을 모두 이해하면 삼장법사라 불릴 수 있습니다.
구마라집은 '동수童壽' 그리고 '장수長壽' 즉 고귀한 덕을 의미합니다. 이 인도의 비구는 대장경을 산스크리트어에서 중국어로 번역하는 일을 총괄하기 위해서 중국 황제들로부터 초청받았습니다. 그리고 많은 분량의 불교 교리를 번역하는 일의 책임자를 맡았습니다. 구마라집은 현장(玄奘, 602~664) 법사 다음으로 중국 불교에 가장 크게 이바지했습니다. 그의 번역물은 그 정확성과 뛰어난 문체로 높게 평가됩니다. 만일 우리가 언젠가 『법화경』을 강설하게 된다면, 구마라집의 뛰어난 번역물을 기반으로 할 것입니다. 그때 여러분도 그 엄청난 실력에 감탄하게 될 것입니다.

'경經'은 부처님의 모든 담화를 지칭하는 일반적인 명칭입니다. 경전은 '정定'을 키우는 방법의 가르침에 대한 주된 기록물입니다. 정定은 집중의 힘을 의미합니다. 우리는 모두 선정禪定의 힘을 체계적으로 개발할 수 있는 뛰어난 내면의 힘을 지니고 있습니다. 각 경전은 부처님이 설하신 이런 선정(삼매)에 대한 다양한 면을 자세하게 설명해줍니다. 각 상황과 대상에 적합한 법法의 문(門, 수행의 방법)을 기록하고 있는 경전들은 대장경 속에서 각각 그만의 중요성이 있습니다. 우리가 선정의 힘이 있으면, 근본지(根本智, 타고난 지혜)가 자연스럽게 열립니다. 출세간 지혜가 열리면 해탈을 얻을 수 있습니다.

경전을 뜻하는 '수트라'는 산스크리트어 용어입니다. 이는 여러 가지 뜻을 담고 있어서 영어로 그냥 '수트라(Sutra)'로 표기합니다. 그 의미를 몇 가지 살펴봅시다.

수트라는 "함께 묶는다."를 뜻합니다. 부처님은 매우 장엄한 방식으로 이치를 해설하였습니다. 여러분은 더 많이 탐구할수록 얼마나 경전이 아름답게 엮여 있는지 감탄하게 될 것입니다. 사실 부처님은 한번도 노트필기를 하거나 강설 준비를 해야 했던 적이 없는데도 말입니다. 수트라의 또 다른 의미로 "거두다."가 있습니다. 이는 뿌리가 성숙함을 의미합니다. 무슨 뜻일까요? 부처님은 청중이 수용할 수 있는 그릇만 보고도 무엇을 이야기해야 할지 알았습니다. 놀랍게도 그중 일부는 부처님의 설교를 듣는 것만으로도 깨달았습니다.

수트라는 "변치 않는"이란 뜻도 있습니다. 시간이나 공간에 따라서 변하지 않습니다. 석가모니 부처님의 설법은 과거와 미래의 부처님들이 법문한 교리와 같습니다. 게다가 법계(우주) 전체로 전파된 불법은 모두 같습니다. 왜일까요? 불교는 우주 진리에 관한 공부입니다. 진리는 하나일 뿐이지 둘이 아닙니다.

수트라는 수행의 "방법"을 의미합니다. 수행하려면 반드시 수행의 방법을 배워야 합니다. 수행을 성공적으로 하려면 반드시 적시에 적절한 방법을 적용해야만 합니다. 무술을 공부하는 사람이라면 반드시 수련법을 배워야 하는 것과 같습니다. 그냥 마음대로 막 휘두르면서 훌륭한 파이터가 되길 바랄 수는 없습니다.

수트라는 "솟아오르는 샘물"을 뜻합니다. 샘물과 같이 경전에서 불교의 이치가 끊임없이 솟아 나옵니다. 또 다른 의미로 "목공의 곧은 선"이 있습니다. 숙련된 목수와 같이 사각형과 원을 확실히 그으려면, 곧은 선을 써야 합니다. 수트라는 그런 도움을 줌으로써 우리가 옳고 그름, 선과 악, 정正과 사邪 등을 분명히 식별할 수 있게 해줍니다.

본 경전은 석가모니 부처님이 열반에 들기 전 마지막으로 설한 경전입니다. 그러므로 이 경전을 부처님의 마지막 유언으로 여길 수 있습니다. 부처님이 설하신 다른 모든 경전과 마찬가지로 본 경전에도 육성취六成就*가 있습니다.

첫눈에 이 경전이 매우 단순하게 보일 수 있으나, 사실은 매우 심오한 불교 교리가 담겨있습니다. 우리 출가자들은 훈련을 목적으로 이 경전을 암기하고 매일 낭송하도록 권장 받습니다. 하지만 안타깝게도 이 경전을 강설하는 경우는 드뭅니다. 내가 이 경전을 설명하기로 한 이유는 본경에 대한 통찰을 주고, 수행자들이 좀 더 안정적이고 단단한 수행의 기반을 세우도록 해주기 위해서입니다. 이 경전은, 여기 해설된 교리와 더불어, 진지한 불교 수행자에게 귀중한 지침서입니다.

---

* 1. 신성취信成就 : 실제로 부처님이 가르친 법이다. 2. 문성취聞成就 : 부처님 제자의 귀로 직접 들었다. 3. 시성취時成就 : 자정에 설하다. 4. 주성취主成就 : 법주가 부처님 자신이다. 5. 처성취處成就 : 사라쌍수娑羅雙樹에서 설하셨다. 6. 중성취衆成就 : 부처님의 제자들이다.

I
서분
序分

1.

석가모니 부처님이 처음으로 법륜을 굴렸을 때 비구 안냐콘단냐를 제도하였다.

釋迦牟尼佛 初轉法輪 度阿若橋陳如
석가모니불 초전법륜 도아약교진여

1.

경전들은 보편적으로 서분序分, 정종분正宗分, 유통분流通分 세 부분으로 구성됩니다. 여기서 서분은 경전을 소개하는 부분입니다.

석가

석가는 산스크리트어로 "능인能仁, 즉 능하고 어질다."는 뜻입니다. 자비가 가득합니다(속제俗諦). 모니는 "적묵寂默, 적막하고 조용하다."는 뜻으로 즉 여여부동如如不動입니다. 반야 지혜로 가득합니다(공제空諦). 석가모니 부처님은 사바세계의 교주教主입니다.

석가모니 부처님이 처음으로 법륜을 굴렸을 때

석가모니 부처님은 득도한 후 인도의 녹야원에서 함께 수행했던 다섯 명의 수행자에게 법을 설하였습니다. 그것이 그가 처음으로 법륜을 굴린 때입니다. 부처님은 네 가지 고귀한 진리인 사성제四聖諦를 가르쳤습니다. 사성제는 간단히 말해서 고집멸도苦集滅道입니다. 중생은 고통의 바다에 빠져있다는 것을 깨닫지 못합니다. 괴로움(苦)은 세 가지 종류가 있습니다.

첫째로 고고苦苦입니다. 이미 극심히 가난한데, 암에 걸리는 것입니다. 두 번째는 괴고壞苦이며, 손실을 겪은 결과로 생기는 괴로움을 뜻합니다. 예전에 부자였는데 모두 탕진해버린 경우입니다. 마지막으로 행고行苦는 스칸다(skandha), 즉 온蘊의 형성에서 오는 괴로움으로, 마음이 이를 멈추거나 제어할 방법이 없으므로 계속 돌아가는 것입니다.

게다가 괴로움은 축적(集)되는 경향이 있습니다. 예를 들어 배우자가 부정한 짓을 했기 때문에 너무 심란해서 제대로 먹지도 못하고, 자지도 못하고, 직장에서 집중도 할 수 없습니다. 그래서 회사에서는 성과가 부진해서 해고당하고, 친구들은 혹여 돈 빌려달라 물어볼까 무서워서 피하게 됩니다. 중국 속담에 "재앙은 절대 혼자 오지 않는다."고 합니다. 이것은 영어로 "비가 오려면 마구 쏟아진다."와 유사합니다. 하지만 부처님은 매우 자비롭습니다. 그래서 나쁜 소식 후 바로 좋은 소식도 전합니다.

모든 괴로움은 제거될 수 있습니다(滅). 멸도는 모든 괴로움에 끝을 내고 오직 안락만 경험하는 곳으로 이끄는 그 길(道)을 걸으면 얻을 수 있습니다.

"법륜을 굴린다(轉法輪)."는 부처님이 법을 설한다는 의미입니다. 부처님은 중생의 번뇌로운 마음을 '돌릴' 수 있습니다. 이 '바퀴'는 어디든 갈 수 있으며, 막을 수 없습니다. 바퀴는 외도의 법을 제압하고, 모든 중생의 번뇌를 파괴할 수 있습니다.

부처님의 법륜에는 세 가지의 굴림(三轉)이 있습니다.

1. 첫 번째 굴림(示轉) : 이것은 고苦이며, 이 괴로움의 특징은 압박적이라는 것입니다. 이것은 집集이며, 끌어당기고 스스로 쌓입니다(번뇌는 축적됩니다). 이것은 멸滅이며, 더는 괴로움이 없고 오직 안락만

있는 경계를 증득할 수 있습니다. 이것은 도道이며, 수행할 수 있습니다.(此是苦, 逼迫性。此是集, 招感性。此是滅, 可證性。此是道, 可修性.)

2. 두 번째 굴림(勸轉) : 이것이 고苦이며, 여러분이 그걸 알아야(인식해야) 합니다. 이것이 집集이며, (번뇌를 모두) 잘라내야 합니다. 이것이 멸滅이며, 여러분이 증득해야만 하는 것입니다. 이것이 도道이며, 여러분이 수행해야만 합니다.(此是苦, 汝應知。此是集, 汝應斷。此是滅, 汝應證。此是道, 汝應修.)

3. 세 번째 굴림(證轉) : 이것이 고苦이며, 나(부처님)는 이미 알고, 내가 다시 알아야 할 필요가 없습니다. 이것이 집集이며, 내가 이미 잘라내어서, 다시 잘라낼 필요가 없습니다. 이것이 멸滅이며, 나는 이미 증득해서, 다시 증득할 필요가 없습니다. 이것이 도道이며, 나는 이미 수행했고, 다시 수행할 필요가 없습니다.(此是苦, 我已知, 不須更知。此是集, 我已斷, 不須更斷。此是滅, 我已證, 不須更證。此是道, 我已修, 不須更修.)

비구 안나콘단냐를 제도하였다.

"제도했다."는 것은 누군가를 해탈케했다는 뜻입니다. 즉 고해苦海에서 피안彼岸으로 건넙니다. 부처님이 '객진客塵'의 개념을 설명하였을 때, 그의 예전 다섯 수행원 중 하나인 비구 안나콘단냐가 수다원을 증득했습니다. 석가모니 부처님이 최초 설법을 마쳤을 때, 비구 안나콘단냐는 아라한과를 얻었습니다. 그러므로 그는 "제도된"것입니다. 소승(히나야나)은 아라한과를 성자로 인정합니다. 반면에 대승(마하야나)에서는 초지初地 또는 그보다 높은 단계를 이뤄야 성자로

간주합니다. 아라한은 초지 보살에서 여전히 매우 멀리 떨어져 있습니다.

　비구 안나콘단냐는 가장 먼저 제도된 자였습니다. 달리 말해서 아라한과를 증득했습니다. 이는 예전의 인연에서 기인했습니다. 부처님이 아직 인지因地에 있을 때(성불을 위한 인을 심고 있었습니다.), 안나콘단냐를 만났고, 기회가 있을 때 그를 제도하겠다고 서원했습니다.

2.

부처님은 가장 마지막으로 법을 설하였을 때, 비구 수발타라須跋陀羅를 제도하였다. 부처님이 제도해야 할 이들은 이미 다 제도했다. 부처님이 사라쌍수 사이에 누워, 열반에 막 들어가려던 참이었다. 때는 한밤중이라 모두 고요하여, 아무 소리도 없었다. 그때 제자들 모두를 위해 법의 본질(法要)에 대해서 설하였다.

最後說法 度須跋陀羅 所應度者 皆已度訖
최후설법 도수발타라 소응도자 개이도흘
於娑羅雙樹間 將入涅槃 是時中夜 寂然無聲 爲諸弟子 略說法要
어사라쌍수간 장입열반 시시중야 적연무성 위제제자 약설법요

2.

부처님이 가장 마지막으로 법을 설하였을 때, 비구 수발타라를 제도하였다.

수발타라는 '선현善賢'을 의미하며, 그는 80세 노인이었습니다. 오래전 그는 솜씨 좋은 재단사였습니다. 그리고 염불 덕분에 해를 면할 수 있었습니다. 이제 그는 누구도 의지할 데가 없기에 출가를 결심했습니다. 부처님의 제자들은 그의 청을 거절했지만, 부처님이 절에 돌아왔을 때 그를 받아주었습니다. 부처님은 비구 수발타라에게 법을 설했고, 수발타라는 아라한과를 증득했습니다.

부처님이 제도해야 할 이들은 이미 다 제도했다.

부처님들은 인연이 무르익어야 이 세상에 나타납니다. 인연이 무르익을 때, 부처님들은 그제야 가르치기 위해서 부처로 출현합니다. 복이 있는 사람들은 부처님을 만날 수 있으며, 설법을 들을 수 있고, 수행해서 해탈할 수 있습니다. 그때 그런 사람들은 석가모니 부처님에 의해서 제도됩니다. 그러므로 부처님은 일을 마쳤고, 자유롭게 다음으로 나아갈 수 있습니다.

부처님이 사라쌍수 사이에 누워, 열반에 막 들어가려던 참이었다.

사라쌍수는 뿌리는 하나지만, 줄기가 둘로 뻗었습니다. 그 위로는 잎이 무성하게 만났습니다. 이는 권교權敎와 실교實敎를 상징합니다. 한밤중은 중도中道를 상징합니다. 모두 고요했다는 삼매를 상징합니다. 여러분은 불경 강설을 들을 때 삼매에 들어가나요? 여러분에게 기술이 있다면 그렇게 할 수 있습니다. 그때 숲은 완전히 아무런 소리도 없었는데, 아마도 동물이나 숲의 존재들도 세존에게 존경과 감사를 표하고자 했기 때문일 겁니다.

그 당시 부처님은 이제 막 열반에 들어가려던 참이었습니다. 즉 자신의 뿌리로 되돌아가려는 것입니다. 열반은 '상락아정常樂我淨'이라는 네 가지 특징이 있습니다. 우리가 부처님들을 친근하기 위해서 돌아가야 할 곳이기도 합니다.

부처님은 떠나기 전 제자들 모두에게 여전히 애착이 많이 있었습니다. 그래서 (말법 시대에 있는 우리 모두를 포함해서 부처님을 믿는 모든 이를 이롭게 하려고) 제자들을 위해서 법요를 설했습니다. 달리 말해서 이 경전은 우리의 수행을 지도하기 위한 석가모니 부처님의 중대한 마지막 지침이 담겨있습니다. 수행하다가 어려움에 부딪히고 누구에게 의지해야 할지 모를 때, 이 경전과 다른 여러 불경에 의심 없이 의지할 수 있습니다. 아마도 문제에 대한 답을 찾을 수 있을 것입니다.

처음 수행을 시작했을 때, 나는 선화 상인의 가르침을 중국어에서 영어로 번역한 책 2백여 권을 모두 읽었습니다. 당시 별로 이해하지 못했습니다. 하지만 문제에 부딪혔을 때마다 스승의 책을 읽게 되었고, 거기서 문제에 대한 답을 자주 찾아냈습니다. 그런 일은 늘 일어났습니다. 후에 더 많은 이들에게 그리고 내 제자들에게도 그렇게 하라고 말해줬습니다. 그들 또한 비슷한 감응을 얻었습니다. 성인의 가르침은 시대를 초월합니다.

　시간은 짧습니다! 부처님이 이제 막 열반에 들어가려 합니다. 부처님은 평생의 가르침을 깔끔하게 엮어서 우리에게 법요로 전달하고자 합니다.

II
정종분
正宗分

여기부터 경전의 가르침이 시작됩니다. 여기서 '정正'이란 옳고, 결점이 없어 믿을 수 있는 바른 교리임을 뜻합니다.

세간법의 본질을 설명하다.

부처님은 능숙하게 세간법을 언급하는 것으로 시작하는데, 겉보기 익숙한 것으로 시작합니다. 부처님은 사실 부정견不正見을 바로잡기 위해서 이 기회를 활용하고 있습니다.

삿된 업을 다루고
다스리는 법요

삿된 업 짓는 것을 피하는 방법

계율을 지키다.

1.

비구들이여! 내가 멸도한 후 마땅히 바라제목차(Pratimoksha)를 존중하고 공경해야 한다. 이는 마치 어둠 속에서 빛을 만난 것과 같고, 가난한 이가 보배를 얻은 것과 같다. 이 사실을 알아야 한다. 이것이 너희들의 큰 스승이니, 이 세상에 내가 실제로 존재하는 것과 다르지 않다.

汝等比丘 於我滅後 當尊重珍敬波羅提木叉 如暗遇明 貧人得寶
여등비구 어아멸후 당존중진경바라제목차 여암우명 빈인득보
當知此則 是汝等大師 若我住世無異 此也
당지차칙 시여등대사 약아주세무리 차야

1.

부처님이 "**비구들이여!**"라고 부를 때, 이는 비구, 비구니, 우바이와 우바새를 포함하는 네 부류의 대중(四部大衆)을 일컫는 것입니다. 부처님은 사실 우리 수행자들 모두 지칭하고 있습니다. 부처님은 대중의 지도자인 "비구들이여!"라고 부르지만, 사실 우리 모두를 말합니다. 부처님이 그의 청중 대상으로 비구들을 고른 이유는 다음과 같습니다.

첫째, 비구들은 출세간 이미지를 유지하기 때문입니다.
둘째, 비구들은 이승二乘을 통한 대승의 방편법을 대표합니다.
셋째, 비구들은 법회의 리더입니다.

이 경전은 부처님이 우리에게 준 가장 마지막 지침입니다. 그러므로 그 중요성을 아무리 강조해도 지나칠 수 없습니다. 다양한 지침의 연속적 순서는 상대적 중요성을 분명하게 보여줍니다.

부처님이 가장 먼저 가르친 법은 무엇일까요? '신묘장구대다라니'나 신주의 왕인 '능엄주'와 같은 거창한 이름이 아닙니다. 밀교나 탄트라법도 아닙니다. 정토나 참선도 아닙니다. 그건 바로 계율을 지키는 것이었습니다. 달리 말해서 수행하려면 우선 계율부터 지켜야 합니다.

이런 말법 시대에서는 아주 극소수 스승들만 계율을 가르칩니다. 그건 아마도 아주 적은 수의 사람들만 계율을 배우는 데 관심이 있기 때문일지 모릅니다.

사람들은 나에게 자주 전문 수행 분야가 참선인지, 정토인지, 묻습니다. 요즘 동양인들 사이에서 탄트라법이 상당히 인기가 있습니다. 그와 반대로 계율을 가르치고 연구하는 곳은 점점 줄어듭니다. 누구나 쉽게 대승의 삼무루학三無漏學인 계정혜戒定慧에 대한 이야기를 듣습니다. 사람들은 선정 수행을 옹호하거나, 경전 또는 논장을 연구하는 등 지혜에 관한 공부만 고집합니다. 오직 몇 소수만 계율 연구에 대하여 언급합니다. 그 결과 오늘날 수행자들은 튼튼한 기반이 모자랍니다. 그 증명이 바로 여기 이 경전 속에 있습니다. 부처님은 그걸 이미 알고, 계율 실천의 중요성에 대하여 일러주셨습니다.

안타깝게도 오늘날 비구와 비구니들은 불교 공부를 대학에서 하길 선호합니다. 나는 최근 세계적으로 유명한 미국 대학에서 불교학 박사학위를 받은 비구니 스님과 만났습니다. 스님은 학위를 위해서 6년이란 시간을 보냈는데, 기대에 훨씬 못 미쳤기 때문에, 그런 교육에 대해서 크게 실망했다고 털어났습니다. 내가 알기로 계율을 가르치는 대학은 아예 없거나 거의 가르치지 않습니다. 우리는 근본에서 점점 멀어지고 있습니다.

중국 불교의 전통에 따르면 출가자는 처음 5년간 오직 계율 공부만 하게 되어있습니다. 내가 사미승이었을 때 개인적으로 스님으로서 경력 준비를 위한 명상이나 진언 수행을 선호했지만, 계율 공부는 필수였습니다. 지계持戒는 대승에서 제일 중요합니다. 계율을 이해하지 못하고, 한 달에 두 번 계율을 낭송하지 않으면서 어디서 실수를 범했는지 알 수 있을까요? 지계는 우리가 도덕을 닦을 수 있도록 해줍니다.

선화 상인이 아직 이 세상에 계실 때 법을 퍼뜨리기 위해 대만에 종종 가곤 했습니다. 선화 상인은 사람들이 그가 대만의 기부금을 탐한다고 생각하지 않게 하려고, 미국에서 상당히 유명해질 때까지 기다렸습니다. 대만은 불교계에서 매우 큰 후원자이며, 전통적으로 불교계의 주요 재정적 후원을 전 세계적으로 해왔습니다. 선화 상인이 대만에 처음 도착했을 때, 그에 대해서 아는 사람은 많지 않았습니다. 그와 친근한 이들은 친구나 지인을 통해서 입소문으로 왔습니다.

나의 스승님이 대만에 왔을 때 처음 몇 년 동안 인내심을 갖고 시봉한 이가 있었습니다. 선화 상인을 공항에서 맞이하고, 처소를 준비해 놓고, 차로 여기저기 모시면서, 공양을 올렸습니다. 마침내 그는 선화 상인에게 특별한 법을 가르쳐 달라고 청했습니다. 나의 스승, 선화 상인처럼 위대한 신통력을 얻을 수 있는 최고의 법을 청한 것입니다. 선화 상인은 그에 응해서 여섯 가지 원칙을 가르쳐 줬습니다.

"싸우지 말라(不爭).

탐하지 말라(不貪).

구하지 말라(不求).

이기적이지 말라(不自私).

자신의 이익을 취하지 말라(不自利).

거짓말하지 말라(不打妄語)."

이는 재가자의 오계와 동등한 것입니다. 이 대만 신사분은 더욱 높은 수준의 법을 바랐다면서 불평했습니다. 선화 상인은 그의 눈을 들여다보며 이렇게 말했습니다.

"이 여섯 가지 원칙보다 더 높은 법은 없습니다."

계율보다 더 높은 법은 없습니다. 선화 상인은 성자임을 기억하십시오. 우리를 속이지 않습니다. 부처님께서 말씀하셨습니다.

내가 멸도한 후 마땅히 바라제목차(Pratimoksha)를 존중하고 공경해야 한다.

'바라제목차'는 계율의 산스크리트어 명칭입니다. 이는 청정한 다르마(淨法)를 뜻합니다. 이 법은 우리가 청정함을 이루도록 해줄 수 있습니다. 이는 청정한 해탈(淨解脫)을 의미하기도 합니다. 청정함을 통해서 해탈을 얻습니다. 달리 말하면, 계율은 이고득락離苦得樂 즉 괴로움을 끝내고, 안락을 얻도록 해줄 수 있습니다.

여러분은 진정한 행복과 즐거움을 보장해주는 세간법을 알고 있나요? 예를 들어, 명예를 좇는 게 우릴 행복하게 해주나요? 그렇다면 어째서 유명 인사들은 보통 끝이 불행하고, 파탄이 난 가족 문제와 중독증으로 시달리는 걸까요?

더군다나 부자들은 자기 통제력(自制)이 부족합니다. 납치에 대한 걱정이 끊임없이 있습니다. 내 제자 중 한 명은 보디가드로 일하는 남편이 있습니다. 이 보디가드 남편은 매우 부유한 여성을 경호하는데, 그녀는 닷컴 시대에 큰 돈을 번 남편과 이혼하면서 엄청난 부자가 되었습니다. 그녀는 하루 24시간 365일 여러 보안시스템으로 둘러싸여 있습니다. 아이들도 마찬가지입니다. 당연히 이 여성분은 우리 대부분보다 경제적으로는 훨씬 더 부유합니다. 하지만 그게 덜 부유한

가정처럼 태평하거나 편한 일만은 아닙니다.

어째서 바라제목차를 존중하고 공경해야 할까요? 왜냐면 그게 여러분과 여러분의 사랑하는 이들에게 큰 이익을 가져다주기 때문입니다. 그건 마치 어둠 속에서 빛을 찾아서, 이제서야 명확히 보는 것과 같고,(온종일 눈을 감고 지내보세요) 가난한 사람이 보물을 얻어서 진정으로 부유한 것과 같습니다.

계율이 여러분을 깨닫게 해줄 수 있는 위대한 스승임을 알아야 합니다. 요즘 시대에 사람들은 스승을 직원처럼 고용 대상으로 보는 경향이 있습니다. 학비와 수수료를 냈으니, 스승이 우리에게 가르칠 의무가 있다고 생각합니다. 그건 세간법에서 허용되지만, 출세간법에서는 그렇지 않습니다. 출세간법은 판매용이 아니고, 살 수도 없습니다. 출세간법을 배우려면 근면함과 신심에 대한 수많은 테스트를 거쳐야 합니다. 여러분이 법기法器(법을 담은 그릇)가 될 만한 가치가 있다고 여겨진 후에야 비로소 가르침을 받을 수 있을 것입니다.

부처님이 세상에 있는 것과 다를 바 없이 계율을 대하십시오. 지계는 부처님을 따르고, 더 친근하는 일입니다. 부처님이 세상에 있을 때 우리는 그에게 조언을 구할 수 있었습니다. 지금 부처님은 더이상 우리와 함께 있지 않습니다. 그러므로 계율을 참고하여 수행의 길잡이로 사용해야 합니다.

청정한 계율에서 멀어지는 방편들

1.

청정한 계율을 지닌 자는 사고팔거나, 무역해서는 안 된다. 논밭이나 건물을 모으면 안 되고, 사람이나 노비를 부리거나 짐승을 키우면 안 된다. 모든 종류의 농사나 재물을 모으는 것을 불구덩이 피하듯이 멀리해야 한다. 초목을 베거나 밭을 갈거나, 땅을 파서는 안 된다. 또한 탕약을 짓거나, 관상과 길흉을 점치거나, 하늘의 별이나 달을 보고 흥망을 점치거나 역수산계歷數算計 등을 하지 말아야 한다. 이런 활동은 모두 바르지 못하다. 몸가짐을 절제하고, 때를 맞춰서 먹으며, 스스로 청정하게 살아가야 한다.

세상일에 참여하거나 사신 노릇 등을 하면 안 된다. 주술을 부린다거나, 선약仙藥을 구하지 말고, 높은 가문의 사람과 연줄을 쌓고 너무 친하게 지내거나, 천한 사람을 업신여기지 말아야 한다. 이런 일들은 모두 해서는 안 된다.

마땅히 곧바른 마음과 정념正念으로 제도하려 노력해야 한다. 자신의 결점을 감추거나 특별한 모습으로 군중을 현혹하면 안 된다. 네 가지 공양을 받되 분량을 알고 만족할 줄 알아야 한다. 공양물을 얻되 축적해서는 안 된다.

持淨戒者 不得販賣貿易 安置田宅 畜養人民奴卑畜生
지정계자 부득판매무역 안치전택 축양인민노비축생
一切種植及諸財寶 皆當遠離 如避火坑. 不得 斬伐草木 墾土掘地
일체종식급제재보 개당원리 여피화갱. 부득 참벌초목 간토굴지
合和湯藥 占相吉凶 仰觀星宿 推步盈虛 歷數算計 皆所不應
합화탕약 점상길흉 앙관성숙 추보영허 역수산계 개소불응
節身時食 淸淨自活
절신시식 청정자활
不得參預世事 通治使命 呪術仙藥 結好貴人 親厚蝶慢 皆不應作
부득참여세사 통치사명 주술선약 결호귀인 친후접만 개불응작
(當自)端心 正念求度 不得包藏瑕疵 顯異惑衆
(당자)단심 정념구도 부득포장하자 현리혹중
於四供養 知量知足 趣得供事 不應畜積
어사공양 지량지족 취득공사 불응축적

1.

계율은 단지 방편일 뿐이라고 주장하면서 계율을 범하는 구실로 삼으면 안 됩니다. 청정한 계율에서 절대로 멀어져서는 안 됩니다. 즉 계율을 범해서는 안 됩니다.

청정한 계율을 지닌 자

계율을 지키는 것은 수행자의 필수조건입니다. 청정할수록 더 좋습니다. 몇 년 전, 로스앤젤레스 지역에 있는 큰 대만 사찰에서 점심을 먹고 있었습니다. 혼자 밥을 먹고 있는데 백인 청년이 마주 앉은 자리에 앉아서 말을 걸기 시작했습니다. 20대 후반인 그는 우리가 식사하는 곳에서 두 시간 거리에 있는 일본인 마스터가 있는 사찰에 가는 길이었습니다. 그는 스스로 10년 넘도록 젠(禪)을 수행하고 있다면서 자랑스럽게 말했습니다. 그래서 내가 말했습니다.

"그렇게 오랫동안 했는데 선정의 힘은 하나도 키우지 못했군요. 왜인가요?"

그는 궁금해했습니다.

"선정의 힘이란 무엇인가요?"

나는 그에게 명상이 집중력을 키우는 불교의 방법이며, 참으로 좋은 방법이라고 대답해줬습니다. 자신이 어느 단계에 있는지도 모르면서 어떻게 발전할 수 있을까요? 나는 맹목적으로 오랫동안 영적 수행을 했다는 이 똑똑한 청년을 보고 놀랐습니다. 더욱이 그는 캘리포니아대학교 어바인캠퍼스(UC Irvine)에서 박사과정 중에 있었습니다.

그는 삼매에 관해서 물어보면서, 나의 사찰에 와서 불교에서 말하는 아홉 가지 선정에 대해 공부해 볼 수 있을지 허락을 구했습니다. 두 달 후, 그는 마침내 토요일과 일요일에 열리는 주말 수업에 올 수 있었습니다. 우리는 아침에 염불하고(아마도 참선하는 사람들은 염불을 '열등한' 법으로 여길 것입니다), 오후 두 시간 동안 불경 강설을 합니다. 그는 우리와 함께 두 달 동안 수행한 후 이선二禪에 도달했습니다. 그는 꾸준하게 어바인에서 로즈미드(Rosemead)에 위치한 우리 사찰까지 30분 동안 운전했습니다. 나는 당시『지장경』을 강설하는 중이었습니다. 그는 중국어 대장경에서 선정에 대한 정보를 찾아보려 했지만 찾을 수가 없었습니다. 그런 까닭으로 선정에 대하여 배우러 온 것입니다. 그리고 그는 내가 팔정八定 즉 비상비비상처정非想非非想處定에 대한 설명을 마치자마자 사라졌습니다.

나는 그가 많은 고통을 일으키는 조울증 귀신에게 홀렸다는 것을 알았습니다. 그가 4개월 후 조울증으로 심각한 상태가 되자 나에게 필사적으로 연락하려 했습니다. 그리고 나와 절에서 만나기로 약속을 잡았습니다. 그는 일본인 스승님의 사찰에서 가장 안전하게 느꼈기 때문에 거기 숨어 있었다고 말했습니다. 그리고 최근에 자신을 안정시켜주는 한국인 여자 친구를 사귀었다고 했습니다. 나는 감히 그 공격이 한국인 여자 친구를 향한 귀신의 질투에서 생겼을 거라고 말하지 못했습니다.

결국 그의 태도로 그를 위해 해줄 수 있는 일이 별로 없었습니다.

그는 정법, 즉 바른 법을 배우는 것보다 내 지식에 더 관심이 많았습니다. 적절한 존경과 에티켓을 갖추지 않아서 가르침을 받지 못했다고 놀라지 마십시오. 이것은 정통법에 대한 바른 공경과 인식이 부족한 서양인들의 심각한 문제이기도 합니다. 서양인들은 가치가 있는 것을 위해선 반드시 대가를 치러야 한다는 생각에 익숙합니다. 그게 꼭 틀린 것도 아닙니다. 하지만 출세간법을 어떻게 돈을 주고 살 수 있겠습니까? 돈과 같은 세속적인 것으로는 살 수가 없습니다. 진정한 출세간법은 무료이지만, 반드시 진실한 마음과 힘든 노력으로 그 대가를 치러야 합니다. 여러분의 신심과 해탈하고 싶은 강렬한 열망 때문에 배울 수 있는 것입니다. 그런 것들은 상업적으로 얻을 수 있는 것이 아닙니다. 출가자라면 반드시 계율을 지켜야 하며, 사고팔거나 무역해서는 안 됩니다. 도道와 반대되는 일이기 때문입니다.

상당히 많은 출가자에게 '성공적인 경력'이란 큰 사찰을 짓는 일이 동반됩니다. 평생 몸이 아픈 한 고승이 있었습니다. 그 스님은 살기 위해서 이 의사 저 의사를 찾아갔습니다. 그렇게 70대까지 살아남았습니다. 그는 미국에 큰 사찰을 짓고 싶어 했습니다. 내가 그에게 물었습니다. "스님의 소원은 무엇인가요?" 그는 5백만 달러의 사찰을 세워서 자신의 경력을 매듭짓고 싶다고 말했습니다. 그리고 그 일을 완성하려면 5년은 걸릴 것이라 했습니다. 그는 사찰을 젊은 제자들에게 물려주고, 자신은 은퇴해서 서방 극락정토에서 왕생하기를 기다리며, 작은 초가집에서 부처님의 명호를 외울 것이라고 했습니다.

나는 궁금하지 않을 수 없었습니다. 어째서 그런 스트레스 속에서 5년이나 더 살아남을 수 있다고 생각할까요? 만약 그의 궁극적인 목표가 서방 극락정토에 왕생하는 것이라면, 어째서 사찰을 짓는 일이 왕생에 더 큰 기회를 줄 것이라 확신하는 걸까요?(정토에 대한 기록 중 어디에 절을 짓는 일이 정토 왕생을 보장한다고 쓰여있나요?) 게다가 어째서 젊은 제자들이 큰 사찰을 잘 관리할 수 있으리라 생각하는 걸까요?(물론 그의 제자들은 큰 규모의 사찰 공사나 경영에 전혀 경험이 없습니다.)

출가자들은 부처님의 지침을 어기지 않도록 조심해야 합니다. 즉 논밭이나 건물을 모으면 안 됩니다. 그런 것들은 전부 외적인 것입니다. 자산을 소유하는 순간, 경영이나 재정적인 문제에 말려드는 경향이 있고, 그것이 수행에 끝을 가져올 수도 있습니다.

선화 상인은 살아계실 때, 다른 사람이 당신의 옷을 빨래하는 것을 허락하지 않았습니다. 다른 사람들이 모두 잠든 새벽까지 기다렸다가 옷을 빨았습니다. 우리는 그의 본보기를 따르고, 아랫사람에게 의존하는 것을 피해야 합니다. 재가자들도 부리는 사람들에게 잔소리하며 구업을 짓는 경향이 있습니다. 수행자는 동물을 키우지 않습니다. 동물을 키우는 일은 살생업의 원인이 될 수 있습니다. 개는 고기류를 먹어야 하므로 개를 키우는 것은 살생업과 연루됩니다.

모든 종류의 농사나 재물을 모으는 것을 불구덩이 피하듯 멀리해야 한다. 초목을 베거나 밭을 갈거나, 땅을 파서는 안 된다.

출가자는 모든 종류의 농사일에 거리를 두어야 합니다. 무엇보다도 식물을 심는 활동은 땅의 생명에게 해를 입힐 수 있습니다. 예를 들어 땅을 갈면 땅속에 사는 중생을 심하게 다치게 할 수 있습니다. 더구나 식물을 심고 농사짓는 행위는 시간이 오래 걸리고 피곤한 일입니다. 그래서 수행할 수 있는 시간은 조금밖에 남지 않습니다. 농작물은 다양한 벌레와 기생충을 유도하는데, 우리는 그걸 퇴치하기 위해 이들과 싸워야 하고, 그로 인해 벌레들은 죽거나 배고픔을 겪게 됩니다. 부처님의 출가한 제자들은 나무에 사는 작은 생명을 해칠 수 있으므로 나무를 벨 수 없습니다. 게다가 나무에는 목신木神이 살고 있습니다. 복이 있는 정령들은 큰 나무에서 살 수 있습니다. 복이 별로 없는 자들은 풀밭에 살게 됩니다. 나무를 베거나 풀을 깎으면 그들의 보금자리를 파괴하게 되므로, 우리의 자비로운 성품을 해칩니다.

부처님은 제자들에게 죄를 짓지 말고, 살생업 짓는 것을 피하라고 말했습니다.

석가모니 부처님 시대에 한 승려가 사찰에 있는 나뭇가지를 다듬으려 했습니다. 스님은 그 큰나무에 나무신 가족이 살고 있다는 것을 알지 못했습니다. 나무신도 우리 인간들처럼 가족이 있습니다. 그 스님이 나뭇가지를 자르는데, 하필 그때 나무신 아들이 그 위에 앉아 놀고 있었습니다. 나무신 아이가 떨어져서 팔이 부러졌습니다. 아이는 너무 아파서 비명을 질렀습니다. 나무신의 아버지가 달려와서는 자기 아들을 보고는 화가 났습니다. 그래서 자기 아들을 다치게 만든 그 스님에게 혼쭐을 내주고 싶었습니다. 나무신 아버지는 문득 그 스님이 부처님의 제자라는 걸 기억했습니다. 그는 부처님의 기분을 상하게 할까 봐 무서워하면서 부처님 앞에 가서 불평을 털어놨습니다. 부처님은 동정하며 나무신 아버지의 이야기를 듣고, 그의 말에 공감

했습니다. 이 일로 세존은 그 후 출가자는 나무나 풀을 베지 못하도록 명했습니다.

왜 부처님의 출가한 제자들은 토지 개간이 금지되어 있을까요? 지렁이가 땅 밑에 있는 것은 드문 일이 아닙니다. 땅을 파면 지렁이에게 해를 끼칠 수 있습니다. 그것은 자비의 길과 어긋납니다. 우리는 괴로움을 끝내기 위해서 수행합니다. 그런데 어떻게 다른 중생에게 괴로움을 일으키면서 우리 목적을 달성할 수 있을까요?

수행자는 재화와 보물로부터 자신을 멀리해야 합니다. 홍콩에서 어떤 스님이 신도들의 공양금을 주식에 투자해 큰돈을 벌었다는 기사를 읽었습니다. 그건 그냥 재가자들처럼 이윤을 버는 데 탐닉하는 일이므로 눈살을 찌푸릴 수밖에 없습니다. 영적인 일에 시간과 노력을 쏟아야 할 출가자에게 적합하지 않습니다.

우리는 이러한 세속적인 일을 불구덩이 피하듯 멀리해야 합니다. 현실을 직시합시다. 주식에서 돈을 버는 수행자는 보통 누군가 다른 사람을 희생시키면서 그렇게 하는 것입니다. 그러한 행위는 자비심이 부족합니다.

탕약을 짓거나, 관상과 길흉을 점치거나, 하늘의 별이나 달을 보고 흥망을 점치거나 역수산계歷數算計 등을 하지 말아야 한다. 이런 활동은 모두 바르지 못하다.

수행자가 탕약을 지어서는 안 됩니다. 이런 기술이 있는 자들은 주로 쿵푸(gongfu, 수행의 힘)가 있습니다. 생계를 벌기 위해서 쿵푸를 이용하는 것입니다. 어떤 사람들은 그 일을 너무 잘해서 많은 돈을 벌 수 있기 때문에 수행하는 것은 잊습니다. 진정한 수행자라면 영적 기술을 이용해서 사리사욕을 취하고 싶은 유혹을 삼가야 합니다. 또 다른 미묘한 이유가 있는데, 우리는 이런 일을 세속 일에 간섭하는 것으로 여깁니다. 문제를 해결하기보다 더 많은 문제를 초래하기 때문입니다.

이와 유사하게 수행자는 길흉을 점치거나(길흉은 정해진 게 아니라 변할 수 있습니다. 미세한 수준에서 봤을 때, 그런 분별을 품는 일은 악한 이를 돕는 대신 비난하거나 거부하는 성향을 만듭니다.) 관상을 보고, 하늘의 별이나 달을 보고 흥망을 점치거나, 역수산계 등을 하지 말아야 합니다. 이런 활동은 모두 바르지 않습니다. 수행자는 언젠가는 신통력을 개발합니다. 일반적으로 이러한 활동은 남용으로 이어질 수 있으므로 위의 언급한 활동에 사용하면 안 됩니다. 대승의 수행자에겐 예외적인 특정 상황을 제외하면 영적인 힘을 드러내는 것이 허용되지 않습니다. 우리는 영적인 힘을 개발하는 것보다 지혜를 여는 것을 강조합니다. 왜일까요? 영적인 힘이 있으면 사용하고픈 유혹이 강하게 듭니다. 그러면 스스로 큰 명성을 얻고, 많은 재물을 받을 수 있기 때문입니다. 그것은 반드시 탐심을 키우며, 그로 인해 내려놓고 해탈을 이루기가 매우 어렵습니다.

몸가짐을 절제하고 때를 맞춰서 먹으며, 스스로 청정하게 살아가야 한다.

부처님은 우리에게 먹는 법을 가르치셨습니다. "때에 맞춰서 먹는다."는 것은 비구와 비구니가 정오 이후에 먹지 않음을 뜻합니다. "몸가짐을 절제한다."는 것은 출가자가 재가자처럼 너무 과하게 몸을 돌보는 데 관심을 두면 안 된다는 것을 뜻합니다. 특히 모든 물질적인 것에 대해서 검소해야 합니다. 그것이 몸가짐을 절제하는 방법입니다. 수행자는 스스로 마음을 정화하기 위해서 삼독(탐진치)을 제거하도록 노력해야 하며, "청정하게 살아야 합니다." 부처님은 뒷장에서 먹는 법에 대해 더욱 상세히 설명할 것입니다.

수행자는 세상일에 참여하거나 사신 노릇 등을 하면 안 됩니다. 이런 행위는 수행에 해로운 영향을 미칩니다. 세속적 관심사에 연루하면 많은 번뇌가 일어납니다. 한번 번뇌가 일어나면 삼매에 들어가기 매우 어렵습니다. 세상일이란 싸움과 파괴를 일으키는 세속적 추구를 뜻합니다. 나라 사이의 사신 노릇을 하면, 전쟁이나 전투로 인해 많은 사람의 괴로움을 초래할 수 있습니다. 평등과 자비의 마음과는 반대로 많은 득과 실이 따릅니다.

주술을 부린다거나, 선약을 구하지 말고, 높은 가문의 사람과 연줄을 쌓고 너무 친하게 지내거나, 천한 사람을 업신여기지 말아야 한다.

어떤 수행자는 영적인 능력을 과시하길 좋아합니다. 선정의 힘이 개발되기만 하면 수행자는 결국 신통력을 지니게 될 것입니다. 예를 들어 많은 이들이 천상의 눈(天眼)을 열어서, 양과 음의 세계를 볼 수 있게 됩니다. 이런 사람들은 천상을 볼 수 있거나, 천이天耳가 있어서 천신이 하는 이야기를 들을 수 있습니다. 외도 수행자들은 또한 강력한 주문('탄트라'라고도 함)을 하고 있습니다. 그것들은 귀신을 제어하는 데 도움을 줄 수 있습니다.

나에게 중국의 유명한 외도 종파를 오랫동안 따랐던 제자가 있었습니다. 그녀는 기공에 꽤 능숙했고, 사람을 다루는 기술도 훌륭했습니다. 사람들은 그녀를 지도자로 택했습니다. 그런데 그녀는 나와 수행한 후 그곳을 떠나서 삼보에 귀의하기로 했습니다. 그녀는 우리의 선법禪法이 그들의 다르마에 비해서 훨씬 더 우월하다고 느꼈습니다. 그들의 큰 스승은 칠정七定에 도달했으며, 엄청난 영적인 힘을 가지고 있었습니다. 그는 그녀가 변절한 것에 대하여 상당히 화가 났고, 영적인 힘을 써서 나에게 제자를 훔친 일에 대한 대가를 주기로 결심했습니다. 그는 중국에서 날 공격했고, 밤에 잠자는 동안 나를 다치게 했습니다. 나는 다행히 회복할 수 있었고, 그의 공격을 무력화하는 방법을 이해하게 되었습니다.

기억하십시오. 아무리 정당하게 느껴지더라도 분노를 풀기 위해서 신통력을 사용하면 절대 안 됩니다. 대승 수행자는 오직 다른 이를 돕기 위해서 신통력을 사용할 뿐, 자신의 이익을 위해서 사용하지 않습니다.

'주술'의 잘 알려진 예는 연금술입니다. 연금술을 하는 사람들은 납을 금으로 바꿀 수 있습니다. 실제로 금이 되지만 500년 후에 다시 납으로 되돌아갑니다. '선약'을 마시면 최대 만 년까지 살 수 있습니다. 부처님은 제자들이 이런 다르마를 사용하는 것을 금했습니다. 이런 것들은 사람들에게 거짓으로 결합된 몸에 더 집착하게 하고, 막다른 길에 이르게 하기 때문입니다.

과거 미륵보살은 석가모니 부처님과 도반이었습니다. 미륵은 높은 가문의 사람들, 부유하고 권력 있는 사람들과 친하게 지내길 좋아했습니다. 반대로 석가모니 부처님은 고행을 선호했습니다. 그 결과로 미륵보살은 부처님에게 뒤처졌습니다. 석가모니 부처님은 아주 오래전 부처가 되었는데 미륵보살은 아직도 성불하지 못했습니다. 심지어 육조 스님조차도 황제가 개인적으로 설법을 듣고 싶다고 청했지만 가까이하기를 사양했습니다.

마땅히 곧바른 마음과 정념正念으로 제도하려 노력해야 한다. 자신의 결점을 감추거나 특별한 모습으로 군중을 현혹하면 안 된다. 네 가지 공양을 받되 분량을 알고 만족할 줄 알아야 한다. 공양물을 얻되 축적해서는 안 된다.

곧바른 마음으로, 마음을 바르게 유지하며, 스스로 몸가짐에 주의를 기울입니다. 정념을 유지합니다. 즉 망상을 줄이고, 수행하는 이유를 기억해야 합니다. 그건 건너기 위해서입니다. 즉 삼계를 뛰어넘고, 윤회의 바퀴에서 벗어나 안락을 얻기 위해서입니다.

자신의 결점을 감추지 말아야 합니다. 결점을 감추면 고칠 수 없기 때문입니다. 결점을 갖고 살면 그게 해결될 때까지 그것에 대해서 생각할 것입니다. 사람들은 손해를 보거나 다치는 것이 두려워서 결점을 숨깁니다. 문제가 저절로 사라지는 경우는 거의 없습니다. 설상

가상으로 실수를 바로잡지 않으면 우린 계속해서 실수를 저지르고 죄업을 짓게 됩니다.

특별한 모습으로 군중을 현혹하면 안 됩니다. 사람들에게 인상을 남기기 위해서 유별난 행동이나 차림새를 사용하면 안 됩니다. 예를 들어 어떤 출가자는 공양을 더 많이 받기 위해서 특출하거나 우월하게 보이려고 큰 노력을 기울입니다. 불교에서는 이를 삿된 생계 수단으로 여깁니다.

만일 정말로 부자라면, 과시하거나 관심을 끄는 것을 선호하지 않을 것입니다. 여러분에게 쿵푸(gongfu, 수행의 힘)가 있다면 사람들과 자연스럽게 섞이려고 할 것입니다. 그렇지 않으면 눈에 띄게 되고, 다른 사람들에게 질투를 일으킬 것입니다. 그런데도 쿵푸를 드러낸다면 그것은 바로 여러분의 단계가 아직도 꽤 낮다는 것을 나타냅니다. 최고 수준의 무술가는 깃털 하나로 상대를 쓰러뜨릴 수 있으면서도 자신의 힘이나 기량은 거의 드러내는 일이 없습니다. 게다가 깨달음을 이룬 승가는 여러분의 공양물이 필요하지 않습니다. 자신의 진짜 정체를 거의 드러내지 않습니다.

나는 재가자 학생들에게 출가자를 보면 절을 하도록 가르치곤 했습니다. 나의 초기 백인 제자 중 한 명이 출가자에게 거의 절을 하지 않았습니다. 하지만 내가 도량에만 나타나면 모든 사람이 보는 앞에서 절을 했습니다. 그녀는 그게 날 기쁘게 할 것이라 생각했습니다. 만약 그녀가 자신보다 더 낮은 쿵푸를 가진 스님들에게도 모두 다 절을 했다면 훨씬 더 기뻤을 것입니다.

서양인은 아직 보시법을 이해하지 못합니다. 그러므로 출가자는 공양물이 다르마에 맞지 않는 경우, 반드시 받을 필요가 없습니다. 소승 사람들은 이 부분이 매우 명확합니다. 공양물을 받는 일은 복을 고갈시키고, 심지어 시주자에게 빚을 질 수 있다는 점을 잘 알고 있습니다. 만일 타인에게 빚을 지면 이자도 같이 갚아야 할 것입니다. 따라서 자기의 분량을 알고 네 가지 공양물에 만족할 줄 알아야 합니다. 받는 공양물의 양을 제한하세요. 네 가지 공양물이란 음식, 의복, 침구와 의약품입니다. 이것이 바로 출가자의 수행을 돕기 위해 그들에게 제공할 수 있는 네 종류의 공양물입니다. 수행자는 필요한 만큼만 받도록 해야 합니다. 사실 최소한으로 만족하는 법을 배우십시오. 실은 좀 부족하게 받는 것이 더 좋습니다. 만족은 행복의 비결입니다. 만족이 행복을 가져다줍니다. 행복은 마음에서 오는 것이지 외부에서 오는 것이 아닙니다.

공양물을 얻되 축적해서는 안 됩니다. 축적은 탐심을 키웁니다. 탐심은 많은 번뇌를 일으킵니다. 예로 물건을 축적하면 자연스럽게 물건이 상하거나 도난당할까 봐 걱정하게 됩니다. 수행이란 여행을 떠나는 것과 마찬가지입니다. 덜 가져갈수록 길이 더 가볍습니다. 그러면 더 멀리 여행할 수 있습니다. 최소한만으로 어떻게든 살아나가는 방법을 배워보세요.

위의 내용은 부처님이 우리에게 가르쳐 주신 계율에 관한 몇 가지 측면에 불과합니다.

다시 말하자면 '마음의 업(意業)'에 대해서 부처님은 다음 여섯 가지를 하도록 권했습니다.

1. 곧바른 마음(端心) : 온전한 마음을 유지하고, 긍정적으로 생각하십시오. 타인의 결점을 보는 대신 오직 자신의 결점만 봅니다.
2. 정념正念 : 오직 바른 것만 기억하고, 삿된 것은 기억하지 않습니다. 해탈을 가져올 수 있는 정념의 다르마에 네 가지가 있는데, 첫째로 중생을 구하기 위하여 수행하겠다는 결심합니다. 둘째로 염불하기로 결의합니다. 셋째는 사념처四念處를 염두에 두는 것입니다. 그리고 마지막은 무아無我입니다. 이를 설명하면 다음과 같습니다.

1) 중생을 구하기 위하여 수행합니다. 잊지 맙시다. 대승 수행자는 타인을 돕기 위해서 수행하길 택합니다. 큰돈을 벌거나 개인적인 이득을 얻기 위한 일이 아닙니다.
2) 염불합니다. 부처님의 명호에 우리의 마음을 묶어두고, 다른 것은 모두 떨어뜨립니다.
3) 사념처입니다. 마음은 일시적입니다. 마음은 무상無常에서 비롯되어서 그 실체(體)도 일시적입니다. 보통 행복으로 인지되는 것은 사실 괴로움입니다. 여러분이 느끼는 즐거움은 집착과 갈망을 만듭니다. 이루지 못한 갈망은 (미래에) 괴로움을 낳습니다.
4) 법法은 자아가 없습니다. 무아無我란 홀로 존재하지 않는다는 의미입니다. 자아는 존재를 위해서 연(緣, 다른 요인들)에 의지합니다. 이들은 연으로 인해서 생겨났습니다(일어났습니다). 생겨난 모든 것은 다 멸합니다. 이 세상의 모든 것은 결국 공空으로 돌아갈 것입니다. 모든 것은 헛됩니다.

3. 결점을 감추지 않습니다. 결점을 감추면 우리의 마음에 더러움(塵)

이 쌓이게 됩니다. 만일 자신의 마음을 다스리고 싶다면, 선禪 수행을 하도록 고려해보십시오. 선을 하면 선정의 힘을 개발할 수 있습니다. 무생법인無生法忍이라 불리는 구정九定의 단계에 도달하면 스스로 마음을 통제할 수 있게 될 것입니다. 이것이 아라한의 단계입니다. 그 시점에서 여러분은 일법一法도 일어나지 않는 것을 볼 수 있습니다. 예를 들어 아라한은 혼날 때 감로수를 마시는 것처럼 느낄 것입니다. 육욕천六慾天에 사는 존재들은 감로수 마시는 것을 좋아합니다. 목마름과 배고픔을 해소해주기 때문입니다. 우리의 마음을 통제할 수 있는 능력은 중요한 일입니다. 평범한 사람은 연속적인 생각의 과정을 멈출 길이 없습니다. 그것이 정신적 에너지를 낭비하게 만듭니다. 평범한 사람의 마음은 당면한 일에 집중하는 대신 방황할 수밖에 없습니다. 아라한은 마음대로 마음을 멈출 수 있습니다.

4. 군중을 현혹하기 위해서 가면을 쓰지 마십시오. 타인에게 인상을 남기려고 일부러 잘난 척을 하면서, 우리가 특별하다고 느끼게끔 하는 일은 잘못된 것입니다. 예를 들어 어떤 출가자들은 보통 사람과 다르게 걷거나, 엄격한 표정을 짓거나 다른 사람에게 자주 고함을 지릅니다. 부처님은 그런 전략 즉 먹고 살기 위해서 삿된 다르마를 사용하는 것을 "삿된 생계"라고 부릅니다.

5. 한계를 알아야 합니다. 절제를 실천하고, 검소해야 합니다. 복을 과하게 쓰지 마십시오. 우리의 훈련 프로그램은 꾸준히 복 짓기와 절약을 강조합니다. 일단 복이 소진돼버리면, 환속해야만 할 것입니다.

6. 공양물을 축적하지 않습니다. 만일 수행하기로 마음먹는다면, 저장하고, 점수 매기는 세속적인 습관을 멈춰야 합니다. 공양물을 탐하지 마십시오. 공양물을 더 많이 받을수록, 번뇌도 더 많이 생길 것입니다. 수행은 단순화이며, 줄이고 버리는 것입니다. 도道는 빈곤의 길입니다. 가난할수록 수행하기도 더 쉽습니다.

계율이 모든 공덕을 지을 수 있다.

1.

이것은 지계持戒의 특징에 대한 일반적인 설명이다. 계는 곧 정순해탈正順解脫의 근본이다. 그러므로 이를 바라제목차波羅提木叉라고 한다. 이 계율에 의지하면 모든 선정을 일으키고, 고를 멸하는 지혜에 도달할 수 있다.

此則略說持戒之相 戒是正順解脫之本 故名波羅提木叉
차즉약설지계지상 계즉정순해탈지본 고명바라제목차
(因)依此戒 得生諸禪定 及滅苦智慧
(인)의차계 득생제선정 급멸고지혜

1.

　계율은 모든 공덕을 지을 수 있다.

　이 장에서 부처님은 계율로 모든 종류의 공덕을 지을 수 있음을 설명합니다. 대승에서는 어떻게 공덕을 지을 수 있을까요? 보시, 지계, 인욕, 정진, 선정, 지혜의 육바라밀六波羅密을 행해서입니다. 지계는 두 번째 바라밀이며, 지계 또한 여러 공덕을 모두 지을 수 있습니다. 지계란 다음을 의미합니다.

- 탐하지 않습니다. 이것이 보시입니다.
- 인내할 수 있습니다. 예로 모욕을 당하고, 보복을 위해서 거친 말을 사용하지 않는 것입니다.
- 시간이 지남에 따라 더 엄격히 계율을 지킬 수 있습니다. 이것이 정진입니다.
- 선정이 생깁니다.
- 일단 선정을 얻으면, 반야 지혜가 열립니다.

　비구는 250개의 계율, 비구니는 300개 이상의 계율이 있습니다. 여기서 부처님은 계율을 지키는 특징(持戒之相)에 대한 일반적인 설명만 할 것입니다. "특징" 또는 "상相"은 보이거나 인식될 수 있는 부분입니다. 어째서 부처님은 계율의 특징 또는 계상戒相을 선포했을까요? 승가가 공동으로 계율을 수행할 기회와 조건을 만들어서, 개인의 부족함을 인식했을 때 서로 고쳐주도록 하기 위해서입니다.

계율은 "악惡을 행하지 않고 선善을 행하는 것"입니다. 그건 아무리 작은 악이라도 대수롭지 않게 생각하며 저지르면 안 된다는 뜻입니다. 혹은 별로 중요치 않게 보이더라도, 작은 선이라도 행하도록 하는 것입니다.

<u>계율이 정순해탈正順解脫의 근본이기에</u> 계율은 해탈의 근본이기도 합니다. 해탈은 삼계로부터의 탈출, 즉 괴로움이 멈추는 것입니다. 여기서 정正 즉 '바르다.'는 두 가지 함축된 의미가 있습니다. 첫째는 '바르다(正).'입니다. 틀리거나 삿됨의 반대이며, 예를 들면 외도는 천상에서 왕생하는 것을 해탈이라고 착각합니다. 둘째는 '적합하다(順).'입니다. 이는 시간과 장소(조건)에 순응하는 것입니다. 예를 들어 수행자의 능력과 상황에 맞는 것입니다. 그건 수행자 유형에 따른 다양한 계율을 뜻합니다. <u>그러므로 이를 바라제목차(해탈의 근본)라고 부릅니다.</u> 계율이 해탈의 토대입니다.

수행자 여러분! 계율 수행은 말로 표현하기 불가능할 정도로 경이롭습니다! 시간을 내어 이 법의 문을 공부해보십시오. 계율은 매력적이며, 지적으로 자극적입니다. 계율을 지키지 않고서 절대로 득도할 수 없을 것입니다. 불행히 말법 시대에 계율의 가장 중요한 부분을 이해하는 사람은 거의 없습니다. 그래서 성공하기가 매우 어렵습니다. 사람들이 계율을 통해서 수행의 기반을 단단히 세워야 하는데, 그렇지 못하기 때문에 힘든 시간을 겪습니다. 특히 출가자는 여러분의 지도자입니다. 길잡이 역할을 해야 할 계율이 없다면 지도자는 책임져야 할 제자들을 곤경에 빠뜨릴 것입니다. 따라서 지도자를 고를 때

유명하다는 이유만으로 선택하는 것이 아니라, 반드시 성공한 경험이 있는 사람을 택하길 바랍니다.

다시 말하겠습니다. 계율은 우리 수행에 필요한 로드맵입니다. 우리에게 방향을 보여주고, 무엇보다도 함정이 어디에 있는지 알려줍니다. 만약 협곡과 모래 구덩이가 어디에 있는지 모른다면 반드시 곤경에 빠질 것입니다. 그러면 스스로 빠져나오지 못할지도 모릅니다.

그러므로 수행할 때 계율을 이해하는 지도자를 따를 필요가 있습니다.

이 계율에 의지하면 모든 선정을 일으키게 될 것입니다. 계율을 지키면 자동으로 바른 선정이 생깁니다. "외도는 불교 계율을 지키지는 않지만, 엄청난 선정의 힘과 불가사의한 신통력이 있잖아!"라고 의아할 수 있습니다. 왜 그들이 계율을 지키지 않는다고 생각하나요? 그들도 덕행을 강조합니다. 그들 또한 도덕 규율과 예의범절을 가르칩니다. 그렇다면 무슨 차이가 있을까요? 뛰어난 계율은 뛰어난 선정을 일으킵니다. 삿된 계율은 삿된 선정을 일으킵니다. (옳고 적합한) 바른 계율은 출세간의 '지혜'를 열 것입니다. 지혜에는 여러 종류가 있습니다. 불교는 괴로움을 멈추게(끝나게) 하는 그런 종류의 지혜를 개발하는 데 강조를 둡니다. 여러분이 성불에 가까워질수록 괴로움은 더 줄어들고, 안락은 더 많이 경험할 것입니다.

계율을 지키는 이점

1.

그렇기에 비구들아! 마땅히 청정한 계를 지니고, 훼손하거나 결함이 없도록 해야 한다. 청정한 계를 지니면 능히 선법善法을 가질 수 있게 되지만, 청정한 계가 없으면 좋은 공덕(善功德)이 생겨날 수 없다. 그러니 마땅히 알아야 한다. 계는 제일 안온한 공덕이 머무르는 곳이다.

是故比丘 當持淨戒 勿令毁缺 若能持淨戒 是則能有善法
시고비구 당지정계 물령훼결 약능지정계 시즉능유선법
若無淨戒 諸善功德 皆不得生 是以當知 戒爲第一安隱功德住處
약무정계 제선공덕 개불득생 시이당지 계위제일안은공덕주처

1.

　부처님은 수행자들에게 계율을 지키도록 권하고, 지키지 않으면 이점을 많이 잃게 될 것이라 설명합니다. 부처님은 그러므로 "너희들은 마땅히 청정한 계율을 지니고, 훼손하거나 결함이 없도록 해야 한다."고 했습니다. 계율을 어기는 것은 파괴를 일으키며, 그건 무명無明에서 나온 일입니다. 여러분은 잘 알지 못해서, 계속 실수를 저지르고, 자신을 다치게 합니다. 이제 계율에 대해서 알았으니, 계율을 범한 결과에 대해서 자각하게 되었습니다. 계율을 어기면 엄벌을 겪어야만 하는 더 낮은 법계로 추락한다는 것을 뜻합니다. 더 낮은 법계에 떨어지는 것이 두렵다면 더 많은 자제력을 발휘할 것이고, 따라서 점차 자기 스스로를 정화할 것입니다.

　계율은 "악을 막는다(止惡)."라고도 부릅니다. 그 뜻은 모든 종류의 악행을 체계적으로 멈추는 것입니다. 어떤 악도 행하지 않으면, 선법善法을 지닐 수 있습니다. 오직 선善만 남고, 앞으로 계속 늘어날 것입니다.

　계율을 유지하는 것은 마치 금을 제련하는 것과 같습니다. 불순물을 모두 태워 순금을 만들려면 고온을 사용해야 합니다. 고온을 얻으려면 적절한 방법이 필요합니다. 마찬가지로 마음속의 불순물과 더러움을 모두 없애기 위해서 기발한 방법이 필요합니다.

　공덕功德은 내적인 요소와 외적인 요소를 가지고 있습니다. 공功은 외적이며, 눈에 보여 겉으로 관찰이 가능한 부분입니다. 예를 들어 급식소에서 가난한 사람에게 음식을 주는 일을 돕는 자원봉사를 함으로써 공을 지을 수 있습니다. 덕德은 내적이며, 보이지 않습니다. 이것은 가짜로 타인을 속이기 위해 엉터리로 눈에 띄게 하는 덕과는 완전히 다릅니다.

선善의 공덕은 선을 행하고 남을 도움으로써 생깁니다. 선善은 말로 하는 게 아니라 행을 통해서 만들어집니다.

악한 공덕도 있을까요? 물론 있습니다. 이런 사람은 타인을 위해서가 아니라, 자신을 위한 선행을 합니다(공덕을 짓습니다). 궁극적으로 그런 사람들은 선善보다 해악을 훨씬 더 많이 만듭니다. 예를 들어, 신용 스와프 금융 상품을 만든 수학 전문가들은 금융 시장을 더 유동적으로 만드는 것이 아니라, 자신만을 위한 금융 보상을 추구했습니다. 이것이 자유 시장 시스템의 주된 단점입니다. 그들은 셀 수 없이 많은 죄를 지을 수 있습니다.

공덕은 왜 제일 안온하게 머무르는 곳이 필요할까요? 우리는 여기서 중생에 관한 이야기를 하고 있지 않습니다. 이건 공덕에 관한 이야기입니다. 어째서 안온하게 머무르는 곳이 필요할까요?

옛날에 부처님이 바닷가를 산책하고 있었습니다. 한 거지 소년이 부처님의 그 매우 장엄한 모습에 매료되었습니다. 그래서 소년은 모래를 퍼서 케이크를 만들어 부처님께 바쳤습니다. 부처님은 공양을 받고 "네 소망은 무엇이니?"라고 물었습니다. 거지 소년은 "다시는 아무도 저를 감히 무시하지 못할 만큼 매우 부유하고 강력해지고 싶습니다."라고 말했습니다. 거지 소년은 후에 부처님께 모래 케이크를 올린 공덕으로 인도의 한 왕실에서 태어났습니다. 후에 그는 아쇼카 왕이 되었습니다. 그는 세계를 정복했고 수많은 사람을 죽였습니다. 그는 다행히 나중에 불교로 개종했고, 대호법자가 되었습니다. 그래서 지옥으로 떨어지는 것을 면하였습니다.

공덕을 지어서 잘 사용하지 못하면, 큰 재앙을 부를 수 있습니다. 예를 들어, 중국인은 보시행으로 복을 많이 지을 수 있다는 걸 이해합니다. 그렇게 부와 명예를 얻을 수 있습니다. 결과적으로 자신의 복을 누리며 수행을 안 할 수 있습니다. 즐겁게 놀면 불가피하게 많은 죄를 낳습니다. 누구든 복이 다 떨어지면 반드시 추락할 것입니다.

안온安穩은 두 가지 측면이 있습니다. 첫째 안전(安)합니다. 그래서 위험하지 않습니다. 둘째 안정(穩)됩니다. 그래서 예상할 수 있습니다. 계율은 안전을 가져오기 때문에 위험이 없습니다. 안정적인 이유는 지계가 우리를 가차 없이 성자의 길로 데려갈 것이기 때문입니다.

제일第一

이곳이 공덕을 쌓을 수 있는 모든 안전한 장소 중에서도 으뜸입니다. 간단히 말해서 부처님은 다음 다섯 가지를 권고합니다.

1. 청정하게 계율을 지킨다. 이것이 수행의 기반입니다. 계율을 지키면 번뇌가 줄어듭니다.
2. 계율을 어기지 않는다. 특히 계율의 체(戒體)를 잃지 말아야 합니다. 계율은 여러분의 스승에게서 받은 생명줄입니다. 계율을 어기는 것은 생명줄을 끊는 것과 같습니다.
3. 선법善法을 얻는다. 선행은 곧 남을 돕는 것입니다. 이는 복을 짓는 매우 중요한 도구입니다.

4. 청정한 계율을 따른다. 계율 없이는 누구나 악을 행할 것이며, 그런 곳엔 공덕이 없습니다.
5. 공덕이 머무르는 곳을 지킨다. 여러분은 바른 궤도에 올랐습니다. 빠르게 성자의 위치에 도달할 것입니다.

선화 상인이 말했습니다.
"선한 사람은 타인을 원망하지 않으며, 타인을 원망하는 것이 곧 악인이다(善人不怨人, 怨人是惡人).
부유한 사람은 잇속을 챙기지 않고, 잇속을 챙기는 자가 곧 가난한 자이다(富人不佔便宜, 佔便宜是窮人).
현명한 사람은 화를 내지 않고, 화를 내는 자가 곧 어리석은 자이다(賢人不生氣, 生氣的人是愚人)."

만약 여러분이 진정으로 선하다면, 다른 사람의 악을 눈치채지 못할 것입니다. 아마도 자신의 허물을 발견하는 것에 더 관심이 있을 것입니다.
만일 여러분이 진정으로 부유하다면, 다른 사람들을 이용하지 않을 것입니다. 다른 사람을 이용하려는 이유는 오직 아직 충분치 않다고 느끼기 때문입니다.
현명한 사람은 절대 화를 내지 않을 것입니다. 멍청한 사람과는 반대로 냉정함을 잃지 않고 용서할 수 있습니다.
다음 장에서는 괴로움을 없애는 근본적인 방법을 자세하게 살펴보겠습니다.

○

괴로움에 대응하고,
괴로움을 다스리고, 멈추는 법요

괴로움을 다스리고 끝내기 위한 대응책

감각기관, 욕망 그리고 방일에 대한 대응책

1.

비구들이여! 이미 계율에 머물 수 있다면, 마땅히 오근五根을 잘 제어해야 하고, 방일放逸하지 말고, 오욕五欲에 빠져들지 않게 해야 한다. 이는 마치 소를 치는 사람이 막대기를 쥐고 지켜보다가, 소가 제멋대로 뛰쳐나와 다른 사람의 싹트는 곡식을 짓밟지 못하게 하는 것과 같다. 오근五根을 제멋대로 풀어놓으면 장차 오욕이 끝없이 펼쳐져서 도저히 제어할 수 없다.

汝等比丘 已能住戒 當制五根 勿令放逸 入於五欲
여등비구 이능주계 당제오근 물령방일 입어오욕
譬如牧牛之人 執杖視之 不令縱逸 犯人苗稼
비여목우지인 집장시지 불령종일 범인묘가

若縱五根 非唯五欲 將無涯畔 不可制也
약종오근 비유오욕 장무애반 불가제야

1.

이 장은 마음을 다스리는 방법에 대하여 다룹니다.

수행자 여러분! 이미 계율에 머물 수 있다면, 즉 삼보에 귀의하고 오계(재가자의 경우), 십계(사미, 사미니의 경우), 비구계, 비구니계 또는 보살계를 받을 수 있다면, 계율에 안전하게 머무르고 의지할 수 있습니다.

삼보에 귀의하는 건 쉬운 일이 아닙니다. 캘리포니아 남부 어바인(Irvine)에 위치한 한 사찰에서 어떤 신사분을 만났습니다. 그의 아내는 독실한 천주교인입니다. 그는 아내를 매우 '존중'해서 어쩌다 한 번 몰래 절에 올 수 있습니다. 그러니 삼귀의를 받는다는 것은 상상조차 못합니다.

더구나 많은 불자는 계율을 받으면 더이상 육식을 못 한다고 생각해서 감히 오계를 받지 못합니다. 하지만 그건 사실이 아닙니다. 오계는 살생을 금할 뿐이지 육식을 금하진 않습니다. 사실 부처님은 출가한 제자들에게 '청정한 고기'는 먹을 수 있도록 허락했습니다. 계율을 지키는 덕택에 오근을 다스릴 수 있어서 제멋대로 다섯 가지 욕망에 빠져들지 않을 수 있다는 것을 기억하십시오.

오근五根은 다섯 감각기관으로 안근眼根, 이근耳根, 비근鼻根, 설근舌根 그리고 신근身根입니다. 우리가 외부 세계와 접촉할 수 있게 해주는 다섯 감각기관입니다. 이것을 '뿌리(根)'라고 부르는 이유는 오근이 모든 괴로움의 뿌리이자 우리의 해탈의 뿌리이기도 하기 때문입니다.

오근은 오진五塵과 맞닿아 있습니다. 오진은 다음과 같습니다.

색色은 형태가 있고, 고형질입니다. 그다음으로 소리(聲), 향香, 맛味 그리고 접촉하는 물체(觸)가 있습니다.

오근을 여섯 번째 뿌리인 마음(六根)의 토대로 여길 수 있습니다. 오근이 가져온 데이터를 바탕으로, 마음의 뿌리는 인식과 분별력을 제공합니다. 예로 우리의 눈이 어두운 피부색을 인식하면, 그 순간 그게 마치 카메라와 같습니다. 그 이미지가 우리의 마음에 나타납니다. 마음이 작동하면서, 그 사람이 인도인이라고 결론 짓습니다.

우리의 감각기관은 자극을 모으면서 끊임없이 외부 세계로 달려갑니다. 즉 오진五塵과 함께 달립니다. 우리의 눈이 인도인을 보면, 코는 카레 냄새를 맡으려 하고, 그 맛을 생각하면서 입은 침이 고이기 시작합니다. 그러는 와중에 우리의 귀는 그 인도인의 억양을 듣고 그가 인도 어느 지역 출신인지 인식하려 합니다.

우리의 오근은 끊임없이 오진을 찾아냅니다. 불교에서 이를 "밖을 향해서 달린다, 외적인 것을 쫓는다, 오진을 구한다."라고 표현합니다. 그런 까닭으로 우리는 아침에 깨어나자마자 이미 밖으로 내달리기 위해(연료를 공급하기 위해서) 먹어야 합니다. 그래서 부처님은 우리에게 오근을 다스리라고 훈계하는 것입니다.

방일하지 말라. 그건 첫째로 자제를 실천하고, 둘째로 느슨해지지 말라는 의미입니다. 우리 스스로 자제하고, 감각기관이 외적인 것을 쫓도록 그냥 두면 안 됩니다. 그걸 부처님은 '원숭이의 마음'이라고 부릅니다.

왜 마음이 밖으로 뛰쳐나가게 두지 않나요? 마음이 오욕으로 제멋대로 들어갈 것이기 때문입니다. 보통 사람들은 살면서 짜릿함을 즐기기 위해서 그런 걸 자연스럽게 여깁니다. 하지만 사람들은 함정에 빠져서 스스로 나올 수 없다는 걸 잘 알지 못합니다.

오욕五慾이란 사람들이 원하는 다섯 가지입니다. 첫째는 명예욕名譽欲입니다. 영어 속담에 "15분간의 유명세"라는 말이 있습니다. 즉 유명세는 아주 짧다는 뜻입니다. 둘째는 재욕財欲으로 소유물과 돈을 뜻합니다. 셋째는 수면욕睡眠欲으로 휴식과 잠을 의미합니다. 넷째는 식욕食欲입니다. 먹을 것과 마실 것을 모두 포함합니다. 다섯째는 색욕色慾 즉 성욕性欲입니다. 수행자조차 반드시 이런 오욕을 다스려야 합니다. 이 오욕을 더 설명합니다.

1. 명예욕名譽欲 : 사람들은 '진정한 수행자'로 알려지길 원합니다. 많은 신도가 따르거나, 능숙한 강설자가 되길 바랍니다.
2. 재욕財欲 : 많은 제자를 수용할 수 있는 큰 사찰을 갖길 원합니다. 멋지고 호화로운 자동차로 중요한 손님을 접대하고, 큰돈으로 전법 활동하길 원합니다.
3. 수면욕睡眠欲 : 수행은 조금 하면서, 무리하게 노력하는 걸 두려워합니다. 내가 어떤 절에 있었을 때 사람들이 서로 매우 예의 바르게 대하는 것을 보았습니다. 예를 들어 새벽 예불을 한 시간 정도 한 후 서로 방에 들어가서 좀 쉬라고 공손하게 말합니다. 법문을 조금 했다고 그 전후에 많은 휴식이 필요합니다. 이런 것은 정진 바라밀과 반대입니다.
4. 식욕食欲 : 베트남 불자들은 좋은 음식을 공양으로 올리길 좋아합니다. 내가 스승님의 사찰에서 사미승으로 있을 때 한 노부인이 나

한테 개인적 셰프가 되주겠다고 자청했습니다. 그녀는 당뇨 때문에 자주 다리에 통증이 있었습니다. 그런데도 내 음식이 충분한지 확인하려고 며칠에 한 번씩 버스를 타고 절까지 왔습니다. 노부인은 점심시간에 나만의 채식 어간장을 별도로 만들어 줬습니다.

5. 성욕性欲 : 그냥 그 행위만 뜻하지 않습니다. 부수적인 것들도 있습니다. 멋진 옷을 입고, 잘생긴 남자나 여자를 보는 것을 좋아합니다.

좀 더 고단계의 수행자는 오진五塵에 대한 더욱 미세한 욕망을 다스려야 합니다.

부처님은 비유를 통해 그 뜻을 분명히 밝히었습니다. 이는 마치 소를 치는 사람이 막대기를 쥐고 지켜보는 것과 같습니다. 소를 돌보면서 '막대기'를 쥐고 지켜보고 있는 것은 바로 조처할 준비가 되어있다는 것입니다. '소'는 통제하기 어려운 오근五根을 상징하고 있습니다. '막대기를 쥐고 있는 것'은 계율을 지키는 것입니다. '지켜보는 것'은 늘 방심하지 않는다는 것을 뜻하며, '씨앗이 싹트는 것'은 과거의 수행으로 공덕이 쌓였음을 상징합니다.

소가 제멋대로 논밭에 들어가지 못하게 합니다. 오욕을 다스리고, 흩어지거나 제멋대로 아무 데나 가거나, 길을 잃게 두지 않습니다. 다른 사람들이 소를 잡아먹게 두지 마십시오. 소를 치려면 모든 집중을 소떼에만 줘야 합니다. 수행도 마찬가지입니다. 우리 다섯 감각기관이 뛰쳐나가도록 내버려 둘 수 없습니다.

소를 제대로 제지하지 않으면 다른 사람의 싹트는 곡식을 밟아버릴 수도 있습니다. 소는 엄청난 파괴력을 가지고 있습니다. 이와 비숫하게 오근은 다른 사람들뿐만 아니라 우리에게도 심한 해를 입힐 수 있습니다.

오근을 제멋대로 내버려 두면 오욕이 끝없이 펼쳐지게 됩니다. 오욕은 보통 미쳐 날뜁니다. 예를 들어 젊은 사람은 관능적 욕망에 빠지길 좋아합니다. 중독자는 늘 마지막 잔이라고 믿습니다. 도저히 제어할 수 없습니다. 우리는 자기 통제가 안 됩니다. 세상 사람들은 타인을 통제하길 좋아하고, 다른 사람의 주인이 되길 원합니다. 수행자는 자신의 주인이 되는 것을 좋아합니다. 누가 더 현명하고, 누가 더 나은가요?

2.

마치 사나운 말과 같아서 굳게 재갈을 채우지 않으면 결국 사람을 끌어다가 구덩이에 처박아 넣는다. 도둑의 침해를 당하면 괴로움이 한 생에 끝나지만, 오근五根 도둑의 화는 그 재앙이 여러 생에 미쳐서 해害가 심히 중하니 반드시 삼가야 한다.

그러므로 지혜로운 사람은 오근을 다스려 따르지 않는다. 오근 지키기를 도둑 잡듯이 하여 함부로 날뛰도록 놔두지 않아야 한다. 잠시 놓아두면 오래지 않아 그것들의 파멸을 보게 될 것이다.

亦如惡馬 不以轡制 將當牽人 墜於坑陷
역여악마 불이비제 장당견인 추어갱함
如被劫賊 苦止一世 五根賊禍 殃及累世 爲害甚重 不可不愼
여피겁적 고지일세 오근적화 앙급루세 위해심중 불가불신
是故智者制而不隨 持之如賊 不令縱逸 假令縱之 皆亦不久見其磨滅
시고지자제이불수 지지여적 불령종일 가령종지 개역불구견기마멸

2.

오근五根은 마치 사나운 말과 같습니다. 난폭한 말은 다른 말을 해치길 좋아합니다. 그래서 재갈로 제지할 필요가 있습니다. 그렇지 않으면 사람들을 끌어다가 구덩이에 처박아 넣을 수 있습니다. '구덩이'란 위험을 나타냅니다. 중생이 직면하는 가장 큰 위험은 지옥계, 축생계, 아귀계 즉 삼악도三惡道입니다. 야생마를 재갈 채워서 훈련하고 다스리면 인간에게 유용해질 수 있지만, 그렇지 않으면 우리를 위험한 길로 끌어들일 수 있습니다.

우리는 모두 본능적으로 재갈의 사용법을 알고 있습니다. 여기서 부처님이 우리에게 상기시켜줍니다. 우리는 어째서 감각기관에 재갈을 채우지 않는 걸까요?

오근을 미쳐 날뛰게 내버려 두는 것은 매우 파괴적입니다!

부처님은 이것을 도둑에 비유합니다. 강도질이나 침해를 당하면 그 괴로움은 한 생에 끝납니다. 다섯 감각기관은 자주 '도둑'이라 불립니다. 도둑을 당하면 그건 현생에서만 우리에게 영향을 미치지만, 오근을 제멋대로 두면 죄를 짓게 됩니다. 그건 여러 생에 걸쳐서 원치 않는 결과를 낳습니다.

어떤 구두쇠가 있었습니다. 그는 부를 축적하는 데 평생을 바쳤습니다. 이윤을 위해서라면 저지르지 못할 악행이 없었습니다. 그는 죽을 때 금 세 통을 모았고, 그걸 뒷마당에 묻었습니다. 구두쇠는 그

금에 집착했고, 자신의 금을 지키기 위해서 뒷마당에 독사로 다시 태어났습니다. 아들이 뒷마당에 갈 때마다 독사는 아들을 공격하려 했습니다. 아들은 그렇게 자기 아버지(독사)를 죽여버렸습니다. 아버지는 즉시 금을 지키기 위해서 다시 뒷마당에 독사로 왕생했습니다. 그렇게 아버지와 아들은 몇 번이고 서로 해치려고 합니다.

비나야에서 부처님은 각 계율을 범하면 특정 지옥에서 얼마나 오래 갇혀야 하는지 명확하게 설명합니다. 구체적인 각 고문의 형식도 설명합니다. 그 해害가 매우 중하니 반드시 삼가야 합니다.『사십이장경』에 이런 비유가 있는데, "방종은 마치 날카로운 칼날에 묻은 꿀을 혀로 핥는 것과 같다." 즉 즐거움 속에는 큰 위험이 있다는 뜻입니다.

그런 이유로 지혜로운 사람은 오근을 다스려 따라가지 않습니다. 밖으로 뛰쳐나가서 오진 속에 몸을 담그지 않습니다. 도둑 잡듯이 하여 함부로 날뛰도록 놔두지 않습니다. 지혜로운 사람은 곤경에 빠지지 않기 위해선 오욕에 빠져서는 안 된다는 것을 이해합니다.

만일 오근을 다스리는 일이 그렇게 중대한 일이라면, 세계적 교육 기관에 감각기관을 제어할 수 있는 훈련 프로그램이 있나요?

그러니 오욕을 쫓는 것은 말도 안 되는 일입니다. 잠깐이라도 놓아두면, 금세 그 파멸을 보게 될 것입니다. 탐닉은 마치 자기 자신의 그림자를 쫓는 것과 같으며, 그건 도리어 헛된 일이고, 그냥 시간 낭비일 뿐입니다.

젊을 때 우리는 방종이 행복을 가져온다고 생각하면서 호르몬을 따라갑니다. 다행히 나이가 들면 그런 즐거움에 그 정도로 감동하지 않게 될 것입니다. 나의 세대는 부와 재산과 같은 외적인 것으로 점수를 매깁니다. 돈을 벌고 비싼 차를 타고 다니고, 호화로운 집에서 살고, 화려한 디자이너 옷 입기를 좋아합니다. 그리고 평생 이윤을 얻기 위해서 노예처럼 삽니다. 우리 대부분 평생 자신의 몸을 학대하고 방치하기 때문에 나이가 들면 심각한 병을 지니게 됩니다. 만일 그런 게 성공이라면 어째서 젊은 세대는 우리의 발자취를 따르길 거부할까요? 그게 그냥 젊은 세대가 게으르고 인내심이 부족해서라고 주장할 수만은 없습니다. 그들이 보기에 우리가 더 불행하고 인간미가 모자란 것은 아닐까요?

3.

이 오근根者의 주인은 바로 마음이니 마땅히 마음을 잘 제어해야 한다. 마음은 독사, 맹수나 원적보다도 더 위험하다. 큰 불길이 넘쳐 번지는 것도 그에 비할 바가 아니다.

마치 꿀 담긴 그릇을 손에 든 사람이 이리저리 까불고 날뛰면서 오직 꿀만 보고 깊은 구덩이는 보지 못하는 것과 같다. 그것은 고삐 끊어진 미친 코끼리나 나무 위에서 이리저리 뛰어다니는 큰 원숭이와 같아서 제어하기가 참으로 어렵다. 마땅히 빨리 기세를 꺾어 제멋대로 방일하지 못하게 해야 한다. 마음을 제멋대로 내버려 두는 자는 사람으로서 좋은 일을 잃는다. 마음을 제어하여 한 곳에 두면 이루지 못할 일이 없다. 그러므로 비구여, 마땅히 부지런히 정진해서 마음을 절복(折伏, 항복받음)해야 한다.

此五根者 心爲其主 是故汝等 當好制心
차오근자 심위기주 시고여등 당호제심
心之可畏 甚於毒蛇 惡獸 怨賊 大火越逸 未足喩也
심지가외 심어독사 악수 원적 대화월일 미족유야
譬如有人 手執蜜器 動轉輕躁 但觀於蜜 不見深坑
비여유인 수집밀기 동전경조 단관어밀 부견심갱
譬如狂象無鉤 猿猴得樹騰躍跳躑 難可禁制
비여광상무구 원후득수등약도척 난가금제

當急挫之 無令放逸 縱此心者 喪人善事 制之一處 無事不辦
당급좌지 무령방일 종차심자 상인선사 제지일처 무사불판
是故比丘 當勤精進 折伏汝心
시고비구 당근정진 절복여심

3.

욕망과 방일放逸의 괴로움에 대한 대응책

욕망과 방일을 다루는 방법입니다. 그들은 정말로 고통스럽습니다.

어떻게 해야 방일하지 않을까요?

다섯 감각기관(五根)을 다스리는 자는 바로 마음입니다. 오근의 주인은 육근 즉 마음의 왕입니다. 그것은 우리 자신의 의식적인 마음 즉 '생각하는 마음'입니다.

오근을 제어하려면 마음을 잘 제어해야 합니다. 여기서 중요한 단어는 '잘(善)'입니다. 여러분이 마음의 왕이야말로 진정한 죄인임을 알고 있을지 몰라도, 그걸 능숙하게('잘') 제어하는 방법을 배워야 한다는 사실은 몰랐을 것입니다. 어떻게 능숙하게 제어할 수 있을까요? 시행착오를 통해서 배울 수도 있지만, 더 나은 방법은 선지식을 찾아서 배우는 것입니다. 처음부터 다시 시작하고 싶지 않다면 말입니다.

마음을 고삐로 능숙하게 제어할 줄 모른다면, 그건 (물리면 죽는, 탐욕貪慾을 상징하는) 독사, (심각한 해나 고통을 입힐 수 있고, 화를 상징하는) 맹수, (잔인하며, 무자비하고, 우릴 놔주지 않고 몽땅 갈취하여, 우치愚癡를 상징하는) 원적怨賊보다 더 위험합니다.

큰 불길이 여러분을 향해서 달려드는 것에 비유해도 만족스럽지 못할 것입니다. 캘리포니아 남부에는 매년 여름마다 화재 참사가 발생합니다. 물이 부족하고 바람이 강하기 때문입니다. 산불에 갇히게 된다면 불이 사방에서 달려오기 때문에 쉽게 목숨을 잃을 수 있습니다. 그런데도 번개처럼 속도가 빠른 이런 위험도 우리의 마음에서 급속도로 일어나는 위험에 비할 수 없습니다.

왜 그런가요?

마치 꿀 담긴 그릇을 손에 든 사람이 이리저리 까불고 날뛰면서 오직 꿀만 보고 깊은 구덩이는 보지 못하는 것과 같다.

이는 우리가 많이 집착하는 것을 상징하는 '꿀' 단지를 들고 다니는 것과 같습니다. 먹고 살기 급급해 "이리저리 날뛰면서", "꿀에만 주의를 기울이며" 우리가 가진 열정에 정신이 팔려서 가고 있는 길에 주의를 기울여야 한다는 것은 잊었습니다. "깊은 구덩이를 알아차리지 못하는 것"은 우리를 둘러싼 위험을 인식하지 못하는 것입니다.

중국에 금을 전문적으로 훔치는 남자가 있었습니다. 그는 대낮에 훔치길 선호합니다. 그 도둑이 나중에 잡혀서 신문을 당했는데, 어째서 주변에 사람이 적은 밤에 도둑질하지 않았는지 물었습니다. 그는 금만 보이고 다른 것은 아무것도 보이지 않았다고 말했습니다.

제어되지 않은 마음은 또한 고삐 끊어진 미친 코끼리와 같고 나무 위에서 이리저리 뛰어다니는 원숭이와 같습니다. 여기서 고삐가 끊어진 것은 계율을 지키지 못해서 제어가 안 되는 것을 뜻합니다. "미친 코끼리"는 과도한 탐심으로 더는 이성적으로 듣지 못하는 것에 대한 비유입니다. "이리저리 뛰어다니는 원숭이"는 물 만난 물고기처럼 아주 마음대로입니다. 그 둘 다 제어하기가 어렵습니다. 이들은 그저 열정에 의해 눈이 멀었습니다.

마땅히 빨리 기세를 꺾어 제멋대로 방일하지 못하게 해야 한다.

이제 알았으니 마음을 능숙하게 다스리는 법을 빨리 배우십시오. 마음을 제멋대로 내버려 두면, 즉 오욕을 즐기면 인간으로서 좋은 것들을 잃게 됩니다. 이 육신으로 돌아오는 것이 매우 어려운 일입니다. 그러니 이 기회를 이용해서 수행해야 합니다. 인간계는 수행하기에 매우 좋습니다. 이 기회를 놓치지 마십시오! 부처님이 얼마나 웅변력 있고 자상하게 설명하는지 보십시오.

다음은 이 경전에서 매우 유명한 구절입니다.

마음을 제어하여 한 곳에 두면 이루지 못할 일이 없다.
制心一處 無事不成
제심일처 무사불성

수행자라면 거의 다 이 구절을 압니다. 마음은 육근으로 분주한 일벌과 같습니다. 이를 제어한다는 것은 큰 노력이 필요하다는 것을 의미합니다. 여기서 한 곳, 즉 둘이 아니라 하나입니다. 주제가 바꾸게 내버려 두지 않습니다. 여기서 한 곳이란 물리적 장소를 말합니다. 달리 말해서 우리의 마음을 하나에 묶어 둘 수 있다면, 그게 어떤 일이든 상관없이, 이루지 못할, 즉 성취할 수 없는 일이 없습니다. 우리가 할 수 없는 것은 아무것도 없습니다.

시간을 갖고 다음 구절의 의미에 대해서 깊이 생각해보십시오.

"성공이란 하는 일에 마음을 집중할 수 있는 능력 즉 일심一心이 될 수 있는 능력에서 나옵니다."

요약하자면 여러분 수행자 모두 마땅히 부지런히 정진해서 마음을 절복해야 합니다. 마음을 제압하려면 정진해야 합니다. 타인의 마음을 제압하려고 하지 말고, 자신의 마음을 정복하는 데 24시간의 노력이 필요합니다.

육근을 모두 정복하는 데 성공하면 수다원과를 증득할 수 있습니다. 그러면 통제력을 좀 되찾은 것입니다. 성자의 흐름에 들어갈 수 있고, 더는 추락하지 않을 것이며, 거침없이 상승할 것입니다! 나는 여러분 모두가 가능한 한 빨리 이 일에 도전하길 강력히 권합니다.

과식으로 인한 괴로움에 대한 대응책

1.

비구들이여! 모든 음식을 받을 때, 약을 복용하듯 해야 한다. 좋든 싫든 음식을 더 먹거나 덜 먹지 말고, 기갈을 없애서 몸을 지탱할 만큼 취해야 한다. 꿀벌은 꽃을 찾아서 오직 맛만 취하지, 색과 향은 해치지 않는다. 비구들도 그와 같이해서 사람들의 공양을 받을 때 번뇌만 면할 정도로 하고, 너무 많이 얻으려고 그 선한 마음을 무너뜨리면 안 된다. 마치 지혜로운 사람은 소가 가진 힘의 많고 적음을 헤아려서 과하지 않게 짐을 지워 그 힘이 다하지 않게 함과 같다.

汝等比丘 受諸飮食 當如服藥
여등비구 수제음식 당여복약
於好於惡 勿生增減 趣得支身 以除飢渴
어호어악 물생증감 취득지신 이제기갈

如蜂採華 但取其味 不損色香
여봉채화 단취기미 불손색향

比丘亦爾 受人供養 趣自除惱 無得多求 壞其善心
비구역이 수인공양 취자제뇌 무득다구 괴기선심

譬如智者 籌量牛力 所堪多少 不令過分 以竭其力
비여지자 주량우력 소감다소 불령과분 이갈기력

1.

과식의 괴로움에 대응.

식욕은 괴로움의 한 형태입니다. 이 장에서 부처님은 우리에게 먹는 것에 대한 절제를 가르쳐 줍니다.

비구 여러분은 모든 음식을 약 먹듯 받아야 합니다. 음식 공양을 받는 수행자는 출가자를 뜻합니다. 받은 음식을 마치 (몸을 치료하는) 약처럼 봐야 합니다. 약을 먹듯 필요한 만큼만 먹어야 합니다. 너무 많이 먹으면 효과가 없고, 여러 가지 문제를 일으킬 수 있습니다.

좋든 싫든 음식을 더 먹거나 덜 먹지 말아야 합니다. 즉 맛이 있다고 더 먹거나 맛이 없다고 덜 먹는 것을 삼갑니다. 이것은 평등심의 훈련입니다.

음식은 약일 뿐입니다. 배고픔과 갈증을 면하고, 몸을 유지할 만큼만 취합니다. 출가자는 먹는 동안 오관五觀을 해야 합니다. 오관 중 하나가 "음식은 마치 몸을 지탱해주는 좋은 약과 같다."입니다. 이것이 수행자가 바르게 먹는 법입니다.

중국 속담에 다음과 같은 말이 있습니다.

"세 가지 마음이 끝나지 않아서 물조차 소화하기가 어렵다(三心不了水難消)."

"오관이 이해되었다면, 금덩어리도 소화할 수 있다(五觀若明金也化)."

여기서 '세 가지 마음(三心)'이란 과거, 현재, 미래를 생각하는 마음입니다. 이것은 망상하는 마음입니다. 이런 마음이 있다면, 소화에 문제가 생길 것입니다.

오관五觀은 다음과 같습니다.

1. 먹는 곳까지 음식을 가져오는 데 들인 많고 적은 공을 생각해보라(計功多少 量彼來處). 시주자는 이 음식 공양을 하기 위해 정말 애써야 합니다.
2. 이 공양을 받기에 적절한 덕행을 했는지 생각해보라(忖己德行 全缺應供). 우리가 무엇을 했기에 이 영광을 누릴 수 있을까요?
3. 마음을 잘못으로부터 방어하라. 어떤 탐심이 그 근원인가(防心離過 貪等爲宗). 우리 모두 욕심내면 안 된다는 것을 압니다. 우리가 매일 음식에 욕심을 부리지 않을 수 있을까요?
4. 바르게 취하면, 음식은 마치 몸을 지탱하는 약과 같다(正思良藥 爲療形枯). 음식을 약 같이 받고, 맛은 크게 신경 쓰지 말아야 합니다.
5. 이 음식은 오직 도업을 이루기 위해서만 받는다(爲成道業膺受此食). 그것이 목적이라면, 음식 공양을 받아도 괜찮습니다.

위에서 언급한 오관을 명확히 이해하고 그렇게 산다면, 금도 소화할 수 있습니다.

항실 스님(선화 상인의 제자, 현 미국 버클리 사찰 주지)이 주요 걱정거리 중 하나가 출가자의 식습관이라고 말했던 기억이 납니다. 아마도 먹는 즐거움을 다스리는 것이 꽤 어렵기 때문인 것 같습니다.

진지한 수행자에게 식습관은 성적 유혹보다 훨씬 더 실제적인 위험성을 나타냅니다. 출가자는 비구와 비구니, 남자와 여자의 구분을 지키기 때문입니다. 이들이 거리를 유지하면, 문제가 더 적을 수 있습니다. 하지만 먹는 것에 대한 위험은 더욱 방심할 수 없습니다. 잘못 먹으면, 음양의 균형이 깨지고, 자기도 모르는 사이에 성욕이 높아지게 됩니다.

교수와 변호사들이 그런 예입니다. 그들의 직업은 과다한 정신적 처리 과정이 필요합니다. 그러므로 신체 기관이 원활하지 않습니다. 그건 음양이 불균형하다는 것을 의미합니다. 그래서 성욕이 상승하고 어떤 식으로든 그 문제를 해결해야 합니다.

너무 많이 먹고, 제때가 아닐 때 먹으면 그와 유사한 위험성을 일으킬 수 있습니다. 그런 위험은 간접적으로 발생하므로, 그걸 인식하고 해결하기란 몹시 어렵습니다. 수행자가 바르게 먹는 법을 모르면 계율을 어기는 경향이 생깁니다.

내가 만불성(萬佛聖, City of Ten Thousand Buddhas)에서 수련할 때 우리는 하루에 한 끼씩 먹고, 정오 이후에는 먹지 않았습니다. 처음에는 배고픔의 괴로움이 있었습니다. 하지만 계율 때문에, 그렇게 하길 선택했고, 따라서 그걸 어떻게든 해내고 처리할 방법을 찾아야만 했습니다. 정말로 노력한다면, 여러분도 할 수 있습니다.

왜 부처님은 출가자에게 저녁에 못 먹게 하고, 아침과 점심만 먹도록 허락했을까요? 중생에게 여러 다른 식습관이 있습니다. 천신은 아침에 먹고, 축생은 오후에 먹고, 귀신은 저녁에 먹습니다. 아침에 먹는 것은 천법계의 인因을 심는 것입니다. 그래서 부처님은 출가자에게 성불의 인을 심기 위해서 정오 전 하루 한 끼만 먹도록 명한 것입니다. 그런데 우리가 체중과 외모를 염려하니까 부처님은 아침 식사도 허락했습니다. 부처님은 가장 자비롭습니다. 우리에게 어떤 것도 강요하지 않습니다. 우리는 모두 수행에 가장 적합한 법의 문을 선택할 수 있습니다.

중국 몽산蒙山에 어떤 대아라한大阿羅漢이 왔습니다. 그때 마침 저녁 시간이었는데, 그때 갈증과 배고픔으로 많은 고통을 받는 아귀들을 보게 되었습니다. 그래서 그들을 돕는 방법을 생각해냈습니다. 후에 그것을 "몽산시식의蒙山施食儀"라고 불렀습니다.

그것은 우리 사찰에서 하는 저녁 예불의 한 부분이기도 합니다. 우리는 해당 지역의 아귀를 먹이기 위해서 매일 저녁 종교적으로 이 의식을 하도록 훈련받습니다. 아귀들이 번뇌가 적을수록 다른 사람들에게 문제를 일으킬 가능성도 줄어듭니다.

방일과 졸음으로 인한 괴로움에 대한 대응책

1.

비구들이여! 낮에는 부지런한 마음으로 선한 법(善法)을 닦아 익히되, 때를 놓치지 않도록 하라. 초저녁과 새벽 시간을 헛되이 보내지 말고, 밤에는 경을 낭송해서 쉬고 싶은 충동을 뿌리 뽑아야 한다. 잠과 관련된 인연으로 아무런 소득 없이 일생을 헛되이 보내지 말라.

汝等比丘 晝則勤心 修習善法 無令失時
여등비구 주즉근심 수습선법 무령실시
初夜後夜 亦勿有廢 中夜誦經 以自消息
초야후야 역물유폐 중야송경 이자소식
無以睡眠因緣 令一生空 過無所得也
무이수면인연 영일생공 과무소득야

1.

방일과 졸음은 괴로움의 두 가지 형태입니다. 이제 부처님이 그걸 어떻게 다루도록 가르쳤는지 살펴봅시다.

과식과 졸음은 함께 일어납니다. 너무 많이 먹으면 졸음이 올 겁니다. 음식과 수면은 오욕 중 두 가지입니다. 이 둘이 힘을 합쳐 선정과 지혜의 개발을 방해합니다.

왜 졸릴까요? 세 가지 이유가 있습니다. 첫째는 음식인데 특히 과식이 이유입니다. 둘째는 시간과 습관입니다. 습관적인 수면시간이 그 이유입니다. 세 번째는 마음입니다. 피곤함과 게으른 마음 때문입니다. 이것이 수행을 방해하는 세 가지 주요 장애입니다. 우리는 잠을 자고 있을 때 마음이 쉽게 흩어집니다. 그래서 꿈이나 악몽을 꾸는 경향이 있습니다. 졸음을 다스릴 수 있는 한 가지 방법은 앉아서 자는 것입니다. 앉아서 자면 적당히 휴식을 취하고 상쾌하게 일어날 수 있는 동시에 더 가뿐하게 잠을 자게 해줍니다. 그뿐만 아니라 잠자는 동안 더 많은 보호를 해줍니다.

우리의 몸이 실제로 필요한 양보다 더 많은 음식을 섭취하면, 그 과잉은 독이 됩니다. 우리 몸은 음식을 처리해야 하고 그 일을 위해서 에너지도 그쪽으로 돌리게 됩니다. 그래서 힘이 약화되기 때문에, 그게 우릴 졸리게 합니다.

졸음을 느끼는 또 다른 이유는 습관의 힘입니다. 우리의 몸은 특정한 시간에 작동이 멈추는 것에 익숙합니다.

졸음의 세 번째 이유는 우리의 정신 상태입니다. 어떻게 그럴까요? 우리의 마음은 쾌락에 빠지길 좋아합니다. 잠은 매우 중요한 즐거움입니다. 보통 사람은 앉아서 자는 것이 침대에 등을 대고 쉬는 즐거움을 빼앗기 때문에 좋아하지 않습니다. 침대에 등을 대고 자는 일은 마음이 그걸 요구할 정도로 매우 기분이 좋습니다. 앉아서 자는 일은 처음엔 지상 지옥만큼 매우 어렵지만, 실패를 거듭하면서 시간이 지나면 결국 누구든 성공할 수 있습니다. 상당한 수준의 쿵푸(gongfu, 수행의 힘)를 지닌 사람은 정신 처리를 훨씬 덜 하므로 그렇게 잠을 많이 잘 필요가 없습니다. 그래서 몸을 회복하기 위해서 수면을 통해서 신진대사를 정지하는 일은 줄일 수 있습니다.

어떤 여성이 평생 시달린 불면증에 어떻게 대처해야 할지 물었습니다. 잠을 자야 할 때 마음이 멈추지 않기 때문에 불면증이 있는 것입니다. 나는 그녀에게 불면증에 대처할 수 있는 방편을 가르쳐 주었습니다. 밤에 잠을 잘 수 없다면, 일어나서 결가부좌로 앉는 편이 낫습니다. 다리가 아파도 계속 앉습니다. 지쳐서 자연스럽게 잠들 때까지 아프게 두는 것입니다. 그녀는 그렇게 여러 번 시도했고, 낮 동안 더 마음이 명료해졌다고 말했습니다. 그러나 다리 통증을 견뎌야 한다는 점을 좋아하지 않았습니다. 내가 대신 불면증 귀신을 쫓아주길 바랐습니다. 나는 사람들이 스스로 문제를 해결할 수 있는 완벽한 능력을 갖추고도 타인이 대신해서 문제를 해결해주길 원한다는 사실이 놀랍습니다. 나는 당연히 그녀의 무언 요청을 무시했습니다.

게으름과 졸음은 번뇌입니다. 우리의 시간을 낭비하고 진전할 기회를 잃게 하므로 괴로움입니다.

비구들이여! 낮에는 부지런한 마음으로 선한 법(善法)을 닦아 익히되, 때를 놓치지 않도록 하라.

'부지런하다(勤)'는 것은 게으르지 않게 지난번보다 좀 더 수행한다는 것입니다. 낮 동안에 시간을 낭비하지 않도록 부지런한 마음으로 선법을 닦아 익혀야 합니다. 이것이 졸음의 첫 원천인 음식을 다스리는 대책입니다.

초저녁과 새벽 시간을 헛되이 보내지 말아야 합니다. 초저녁(初夜)이란 처음으로 어두워지는 때이고, 반대로 밤의 마지막 시간(後夜)은 날이 밝아지기 시작하는 때입니다. 어느 한쪽도 허비되지 않게 해야 합니다. **한밤중에는 경을 소리 내어 읽어 쉬고 싶은 충동을 뿌리 뽑아야 합니다.** 한밤중에 자고 싶은 충동을 이기고 싶다면 불경을 낭송할 수 있습니다. 졸음과 싸우기 위해 경전의 (마법 같은) 힘을 끌어올 수 있습니다. 이는 졸음의 두 번째 원천인 시간 혹은 습관에 대한 대책입니다.

잠과 관련된 인연으로 아무런 소득 없이 일생을 헛되이 보내지 말라.

수행할 수 있는 인간의 몸을 얻은 그 큰 기회를 소중히 여기십시오. 인간의 몸을 잃으면 다시 얻기 매우 어렵습니다.

다음 장에서는 마음에서 일어나는 졸음(졸음의 세 번째 원인)을 다룹니다.

2.

마땅히 세간을 태우고 있는 무상無常의 불길을 끊임없이 염두(念)하라. 빨리 스스로 건너도록 하고, 잠자면 안 된다. 번뇌의 도둑은 언제나 원수보다 죽일 준비가 더 많이 되어있다. 어떻게 잠잘 수 있는가? 어떻게 스스로 경계하며 깨우지 않을 수 있겠는가?

當念無常之火 燒諸世間 早求自度 勿睡眠也
당념무상지화 소제세간 조구자도 물수면야
諸煩惱賊常伺殺人 甚於怨家 安可睡眠 不自警寤
제번뇌적상사살인 심어원가 안가수면 부자경오

2.

여러분은 늘 마음을 모아야(念) 하고, 항상 세간을 불태우고 있는 무상無常의 불길을 인식해야 합니다. '불길'은 긴박함을 일깨웁니다. '무상(일시성)'이란 모든 것이 냉혹하게 파괴되고, 쇠퇴함을 가리킵니다. 각 세상은 네 단계의 주기를 겪습니다.

이 네 단계는 생성을 뜻하는 성成, 이미 형성된 주住, 쇠퇴의 시작인 괴壞 그리고 완전한 파괴의 공空입니다. 그렇게 우리가 사는 이 세상은 무상의 불길로 불타고 있습니다. 너무 늦기 전에 서두르는 편이 낫습니다. 모든 세상은 한번 형성되면 반드시 파괴될 것입니다. 즉 공空으로 돌아갑니다.

모든 파티에는 반드시 끝이 있나요? 왜 무의미한 일에 빠져들까요? 빨리 스스로 건너도록 애쓰고, 잠자면 안 됩니다. 잠에 빠져 즐기는 대신 윤회의 바퀴에서 벗어나고자 열심히 노력하는 게 좋습니다.

번뇌의 도둑들은 늘 여러분의 원수보다 죽일 준비가 더 많이 되어있는데, 어떻게 잠을 잘 수 있나요? 우리와 달리 번뇌는 쉴 줄 모릅니다. 번뇌는 가능한 빨리 우리의 목숨을 가져가려고 합니다. 번뇌는 우리를 망치고, 우리의 혜명慧命을 파괴하고자 합니다. 그러니 우리의 원수보다도 더 심합니다.

이제 알았으니, 어떻게 스스로 깨우지 않을 수 있습니까? 어떻게 그들을 무시하고, 계속 잠을 즐길 수 있겠습니까?

3.

번뇌의 독사가 너의 마음에 잠자고 있으니, 비유하자면 검은 뱀이 방에서 잠자고 있는 것과 다름없다. 마땅히 지계의 갈고리로 속히 모두 물리쳐 없애야 한다. 잠자는 뱀이 나간 후에야 비로소 편히 잠잘 수 있는 것과 같다. 그냥 두고 잠을 잔다면 부끄러움이 없는 사람이다. 수치심의 옷은 모든 장엄 중에서도 가장 으뜸이다. 부끄러움은 능히 사람이 악을 행하는 것(非法)으로부터 제어할 수 있는 쇠갈고리와 같다. 그러니 너희들은 언제나 부끄러워할 줄 알아야 하며, 잠시도 그것이 없이 있지 말라. 만일 부끄러워할 줄 모르면 모든 공덕을 잃게 된다. 수치심이 있는 사람은 선법을 지니며, 수치심이 없는 이는 금수와 다를 바가 없다.

煩惱毒蛇 睡在汝心 譬如黑蚖 在汝室睡 當以持戒之鉤 早倂除之
번뇌독사 수재여심 비여흑원 재여실수 당이지계지구 조병제지

睡蛇旣出 乃可安眠 不出而眠 是無慙人
수사기출 내가안면 불출이면 시무참인

慙恥之服 於諸莊嚴 最爲第一 慙如鐵鉤 能制人非法
참치지복 어제장엄 최위제일 참여철구 능제인비법

是故 常當慙恥 無得暫替 若離慙恥 則失諸功德
시고 상당참치 무득잠체 약리참치 즉실제공덕

有愧之人 則有善法 若無愧者 與諸禽獸無相異也
유괴지인 즉유선법 약무괴자 여제금수무상이야

3.

　번뇌를 그냥 두는 것은 마치 독사를 방에 자도록 두는 것과 같습니다. 뱀이 자는 동안엔 모든 것이 괜찮은 듯 보이지만, 깨어나면 무슨 일이 생길지 장담할 수 없습니다. 번뇌가 있는 한 방 안에 졸린 독사를 두는 것과 다를 바가 없습니다. 번뇌를 모른 채 내버려 두는 그런 큰 위험성을 과소평가하면 안 됩니다!

　그러므로 그 번뇌의 독사를 지계의 갈고리로 속히 물리쳐 없애야 합니다. 독사가 나간 뒤에야 편히 잠을 잘 수 있습니다. 가슴 속에서 잠자고 있는 그 독이 없어진 후에야 쉴 여유가 있습니다.

　그냥 두고 잠을 자는 것은, 다시 말해 번뇌가 아직 없어지지 않았는데도 여전히 잠과 게으름을 즐기는 것은 부끄러움이 없는 것입니다. 여기서 '수치심(慚恥)'에는 두 요소가 있습니다. 첫째로 부끄러워하는 것입니다. 즉 우리가 잘못했음을 인지하고 내면에서 창피하게 느낍니다. 둘째로 부끄러운 줄 알고 행동하는 것입니다. 즉 스스로 잘못을 감추는 대신 잘못을 인정하고, 그것에 맞게 행동합니다. 수치심의 옷은 모든 장엄 중에서도 가장 으뜸입니다. 창피함을 안다는 것은 덕으로 우리의 혜명慧命을 장엄하는 일입니다. 그것보다 더 장엄한 것은 없습니다.

　게다가 수치심은 능히 악행(非法)으로부터 사람들을 제어할 수 있는 쇠갈고리에 비유될 수 있습니다. 수치심을 아는 것은 악을 행하고 죄를 짓는 것을 막기 위해서 쇠갈고리를 어떻게 사용하는지 아는 것과 마찬가지입니다. 그러므로 언제나 부끄러워할 줄 알아서 수치심이 없는 순간이 한순간도 없어야 합니다. 끊임없이 내면으로 빛을 돌이켜, 자신의 허물을 발견하고, 타인의 허물을 보는 데 시간을 허비하지 말아야 합니다.

부끄러워할 줄 모르면 모든 공덕을 잃게 됩니다. 수치심은 수행에 있어 매우 중요한 덕목입니다. 여러분에게 여전히 허물이 있다면, 창피함을 알아야 합니다. 현명한 사람과 덕이 있는 수행자는 자주 공개적으로 자신의 잘못을 인정하고, 공개적으로 사과하며, 자신의 허물이나 약점을 감추지 않습니다. 부끄러움이 있는 사람은 선법善法을 갖게 됩니다. 그들은 선한 사람들이며, 믿고 의지할 수 있습니다.

수치심 없는 이는 금수禽獸와 다를 바가 없습니다. '금수'에는 두 가지 의미가 있습니다. 첫째로 깃털을 가진 날짐승 그리고 큰 짐승을 의미합니다. 둘째는 사납고, 규율과 에티켓에 익숙하지 않음을 의미합니다. 우치愚癡의 씨앗을 심으면 축생畜生으로 태어납니다. 부끄러움이 없는 사람은 마음의 명료함이 부족하고, 스스로 적절하게 처신하는 방법을 모릅니다.

요컨대 부처님은 우리에게 항상 수행 정진하라고 일깨워줍니다. 우리에게 번뇌가 있는 한 필요에 따라서 휴식과 수면을 해야 할 것입니다. 하지만 잠을 탐닉한다면, 부끄러움의 법을 실천해야만 계속 수행할 수 있는 복이 있습니다.

그렇다면 번뇌는 무엇일까요?

○
번뇌를 다루고
제거하는 법요

분노의 번뇌 장애를 다스리다.

1.

비구들이여! 어떤 사람이 와서 사지를 마디마디 찢어도 마땅히 마음을 모아야 한다. 성내거나 한을 품지 말아라. 또한 입을 지켜서 나쁜 말을 내뱉지 말아야 한다. 자신의 성내는 마음을 내버려 두는 것은 곧 스스로 도를 방해하고, 얻은 공덕의 이익을 잃게 하는 것이다. 인욕은 지계와 고행과는 비교할 수 없는 덕이다. 인욕을 행하는 자를 능히 힘 있는 대인大人이라 부를 수 있다.

汝等比丘 若有人來節節支解 當自攝心
여등비구 약유인래절절지해 당자섭심
無令瞋恨 亦當護口 勿出惡言 若縱恚心 則自放道 失功德利
무령진한 역당호구 물출악언 약종에심 즉자방도 실공덕이

忍之爲德 持戒苦行所不能及 能行忍者 乃可名爲有力大人
인지위덕 지계고행소불능급 능행인자 내가명위유력대인

1.

분노는 명백할 수도 있고 드러나지 않을 수도 있습니다. 분노는 삼독三毒 중 하나입니다. 이 커다란 번뇌는 도를 닦는데 엄청난 장애에 빠지게 합니다. 수행자라면 분노의 불길을 다루는 방법을 배워야만 합니다. 부처님은 화를 다루기 위해선 인욕의 법을 써서 분노와 복수심을 가진 마음을 변화시켜야 한다고 말합니다.

수행자는 많은 시험을 거쳐야 합니다. 누군가 와서 여러분의 사지를 마디마디 찢는다면, 예를 들어 그들이 정당하든 아니든 그건 상관없습니다. 그 사람들이 와서 여러분에게 아픔과 괴로움을 가하기로 한 것입니다. 사람들이 여러분을 고문한다면 여러분은 마땅히 마음을 모아야 합니다.

칼링가 왕이 천천히 사지를 잘랐을 때 사마디(Samādhi, 삼매)에 머물러 있을 수 있었던 석가모니 부처님처럼 여러분도 그렇게 할 수 있나요? 특히 여러분에게 잘못이 없을 때는 더욱더 스스로 화나게 두지 마십시오. 이것이 의업을 수행하는 일입니다. 그뿐 아니라 입을 잘 지켜서 악언을 내뱉지 말아야 하며, 자신의 불만을 발산하기 위하여 욕설이나 거친 말을 사용해서는 안 됩니다. 이것이 바로 구업의 수행입니다.

오래전, 석가모니 부처님은 아직 (성불을 위해 인을 심는) 인지因地에 있었습니다. 부처님은 당시 산속에서 인욕 바라밀을 수행하고 있는 나이 든 선인仙人이었습니다. 칼링가 왕이 사냥대를 이끌고 그 산으로 갔습니다. 왕은 악의적으로 그 인욕 선인의 몸을 갈기갈기 잘라 버렸습니다. 심지어 선인이 화나지 않은 척하고 있다면서 귀와 코도 잘랐습니다. 미래에 석가모니 부처님이 된 이 선인은 선정의 힘이 대단해서, 고문의 큰 고통 속에서도 잔인무도한 왕에 대한 분노를 한 번도 일으키지 않았습니다.

왕은 선인의 몸을 한 마디 잘라내며, 화가 났는지 물었습니다. 그럴 때마다 선인은 아니라고 대답했고, 왕은 믿을 수 없다고 말했습니다. 선인이 분명히 거짓말하는 것이라면서, 몸의 또 다른 마디를 잘라내게 했습니다. 그런데도, 선인은 그러는 내내 침착하게 차분함을 유지했습니다. 그것이 진정한 쿵푸(gongfu)입니다. 어떤 사람들은 왜 선인이 왕을 벌하기 위해서 신통력을 쓰지 않았는지, 어째서 다른 이들을 해치는 것을 막기 위해서 왕에게 교훈을 주지 않았는지 궁금하게 생각합니다. 만약 선인이 그렇게 했다면 인욕바라밀에 실패한 게 아닐까요? 인욕은 견딜 수 없는 것을 견디는 것입니다.

만일 성내는 마음을 내버려 둔다면, 맞습니다! 분노를 터뜨리고 싶은 것은 정상입니다. 그렇게 하면 기분도 매우 좋을 것입니다. 이는 즉('즉시', '반드시') 자신의 도道, 여러분 자신의 수행을 방해하여, 얻은 공덕을 잃게 됩니다. 여기서 '방해'란 "해치다."를 뜻하진 않습니다. 불리한 점이 꽤 명백하고 뚜렷합니다. 방해는 좀 더 미세합니다. 그리고 많은 시간 들여서 축적해 온 수행을 위한 복福 대부분이 하수구로 내려가듯 흘러나갈 것임을 뜻합니다.

인욕은 지계나 고행(12두타행 전부)과는 비교할 수 없는 덕입니다. 어째서 인욕이 지계나 고행보다도 더 높은 수준의 법일까요? 고행은 하루 한 끼만 먹는 것(受一食法), 앉아서 잠자는 것(但坐不臥), 나무 아래서 지내는 것(樹下止) 등 매우 엄격한 12가지의 다르마(12두타행)로 구성됩니다. 이것은 각각 일련의 집착을 놓아야 하는 부분과 연관이 있습니다. 그래서 전체적으로 여전히 12가지에 한정돼있습니다. 이와 반대로 인욕바라밀은 셀 수 없이 많은 법을 상대하기 때문에 수행하기가 훨씬 더 어렵습니다.

계율은 두 번째 바라밀입니다. 인욕은 세 번째이고 좀 더 높은 단계입니다. 지계가 반드시 인욕으로 이르게 하지는 않습니다. 예를 들어 어떤 사람이 불투도不偸盜, 즉 훔치지 않는다는 계율은 지킬 수 있지만, 여전히 성질이 사나울 수 있습니다. 인욕이 부족한 것입니다. 다른 한편 인욕바라밀을 완성했다면 지계는 쉽게 할 수 있습니다.

일반적으로 이런 바라밀들을 지키면, 그 뒤에 따라오는 바라밀 수행의 길을 열어줄 것입니다. 뒤에 따르는 바라밀은 더욱 높은 단계이고, 이전 바라밀들의 힘에 의지합니다.

인욕을 행하는 자는 능히 힘 있는 대인(大人, 영웅)이라 부를 수 있습니다. 참을성 있는 대인은 다른 이를 도울 수 있는 큰 힘을 가지고 있습니다. 그들이 강한 이유는 쉽게 넘어뜨릴 수 없기 때문입니다. 아무리 맞거나 공격을 받더라도, 견뎌내고, 포기하지 않습니다. 힘이란 벌을 감당할 수 있는 능력을 갖추는 것입니다.

분노가 왜 우리 건강에 위험할까요?

2.

감로수 마시듯 악담(惡罵)의 독을 기꺼이 참을성 있게 받아들이지 못한다면, 이는 도에 들어간(入道) 지혜로운 사람이라 할 수 없다. 그 까닭은 무엇인가? 성을 내면 모든 선법善法을 부수고 좋은 명예를 헐어버리기 때문이다.

현재나 미래의 사람들은 이런 사람을 보고 싶어 하지 않는다. 마땅히 알아라. 성난 마음은 사나운 불보다 더 나쁘니, 항상 잘 막고 지켜서 마음속에 들어오지 못하게 해야 한다. 자신의 공덕을 빼앗는 도둑 중 분노보다 더한 것은 없다. 욕망의 영향을 받는 재가자와 도를 행하지 않는 자는 스스로 제어할 수단이 없기 때문에 성냄도 오히려 용서될 수 있지만, 출가하여 도를 닦는 자와 욕정이 없는 사람에게는 분노를 품는 것이 허락되지 않는다. 맑게 갠 구름 속에서 갑자기 천둥 벼락이 치면 안 된다.

若其不能歡喜忍受惡罵之毒 如飲甘露者
약기불능환희인수악매지독 여음감로자
不名入道智慧人也 所以者何 瞋恚之害則破諸善法 壞好名聞
불명입도지혜인야 소이자하 진에지해즉파제선법 괴호명문
今世後世 人不喜見 當知瞋心甚於猛火 常當防護 無令得入
금세후세 인부희견 당지진심심어맹화 상당방호 무령득입
劫功德賊 無過瞋恚 白衣受欲非行道人 無法自制 瞋猶可恕
겁공덕적 무과진에 백의수욕비행도인 무법자제 진유가서

出家行道 無欲之人 而懷瞋恚 甚不可也

출가행도 무욕지인 이회진에 심불가야

譬如淸冷雲中 霹靂起火 非所應也

비여청냉운중 벽력기화 비소응야

2.

복은 자비행 하나하나로 심어지기 때문에 공덕을 쌓는 게 쉽지 않습니다. 공덕의 숲은 분노의 불길로 순식간에 타버릴 수 있습니다. 세상의 종말이 다가오면 초선천初禪天을 포함한 우리의 세계를 파괴할 화재가 일어날 것입니다. 분노를 제어하는 법은 인욕바라밀입니다.

인욕에 세 가지 종류가 있는데, 첫째로 꾸짖음에 대한 인욕입니다. 둘째는 갈증과 허기, 추위와 더위에 대한 인욕이고, 마지막은 수행에 대한 인욕입니다.

꾸지람은 수행자를 위한 시험입니다. 만약 여러분이 시험에 통과할 수 있다면, 출세간의 지혜를 키우는 법신法身을 키울 수 있습니다. 우리는 모두 두 종류의 몸 즉 육신과 법신이 있습니다. 우리의 육신은 평생 먹여주고 보살펴야 합니다. 법신은 한 삶과 다음 삶과 연결해주는 혜명慧命입니다. 법신을 키우면 세세생생 이익을 얻을 수 있습니다. 반대로 육신을 보살피는 것은 오직 한 생일 뿐입니다.

갈증, 허기, 추위, 더위의 인욕은 육신을 통해 우리의 마음을 훈련하는 법입니다. 외적인 것이나 신체의 요구에 너무 집착해서는 안 됩니다. 수행자에게 왜 인욕이 중요한가요? 인내를 갖고 충분히 기다리면, 결국 수행에서 빨리 진전할 방법을 가르쳐 줄 선지식을 만나기 때문입니다. 선지식은 얼마나 인내심이 있는지 보기 위해서 여러분을 자주 시험할 것입니다. 사람들은 능력이 없어서가 아니라 인내가 부족하고, 중도에 포기하기 때문에 수행에 실패합니다. 좋은 스승님들은 여러분의 인내심을 기르는 데 도움을 주는 사람들입니다.

내가 산호세(San Jose)에서 선을 가르칠 때, 이미 삼선三禪에 도달한 사람이 몇 명 있었습니다. 그중에서 한 명은 외도였습니다. 몇 주간 수업을 한 후, 나는 그에게 그의 단계를 알려주었고, 거기 꽤 오랫동안 정체하고 있다고 말해줬습니다. 그가 진전을 원한다면 기반을 새로 세워야만 했습니다. 그러고 나서 그에게 불교 명상의 기초를 가르쳤습니다. 나는 그에게 매일 한 시간 이상 결가부좌로 앉으라고 말했습니다. 나는 계속 요구에 따라와 주면 훈련해 주겠다고 약속했습니다. 그는 금세 사선四禪에 도달했습니다. 무슨 일이 있었나요? 그가 인욕의 시험에 통과한 것입니다. 여러분도 수행을 많이 해본 경험자를 가르쳐보십시오. 대부분은 여러분보다 훨씬 더 오랫동안 해왔기 때문에 가르치려 듭니다. 그는 간신히 자신을 해방시킨 몇 안 되는 드문 사람입니다. 그 수업에는 이선二禪과 삼선三禪에 있는 사람들이 몇 명 있었습니다. 안타깝게도 그들은 다음 단계를 달성하지 못하고 그만뒀습니다.

공자가 말했습니다.

"몸을 죽여 인仁을 이루고, 목숨을 희생하여 의義를 취한다(殺身成仁 捨生取義)."

즉, 자신을 향상시키고 타인을 돕는 것과 같은 더 높은 목표를 이루기 위해 기꺼이 몸을 버릴 의지가 있어야 함을 의미합니다. 수행하는 과정에서 우리 자신의 몸을 애지중지 보살피는 데 지나치게 집착해선 안 됩니다. 타인을 돕기 위해서라면 흔쾌히 몸으로 그 대가를 치를 의지가 있어야 합니다. 게다가 의義에 따라 살기 위해서는 자신의 목숨도 희생할 수 있어야 합니다. 수행하지 않는 이는 주로 이번 한 생에만 관심이 있습니다. 수행자는 훨씬 더 멀리 보는 성향이 있습니다. 즉 윤회와 인과를 믿습니다.

석가모니 부처님은 과거에 의義에 따라서 살기 위해 자신의 목숨을 희생하곤 했습니다. 한번은 왕위 계승 서열 3위인 젊은 왕자였습니다. 그와 그의 두 형이 산에서 말을 타고 있을 때, 새끼 호랑이들과 있는 한 어미 호랑이를 만났습니다. 그때는 겨울이었고 호랑이는 굶주리고 있었습니다. 그래서 호랑이는 자신과 새끼들을 먹이기 위해 사냥 나갈 힘이 없었습니다.

젊은 왕자는 형들에게 의로움을 위해 자기 희생하는 것에 대해서 물었습니다. 젊은 왕자는 설명을 들은 후 호랑이에게 돌아와 스스로 계곡 아래로 몸을 던졌습니다. 호랑이와 가깝지 않은 곳에 떨어졌기 때문에 왕자는 호랑이가 잡아먹을 수 있도록 죽어가면서 남은 온 힘을 모아서 더 가까이 몸을 끌고 갔습니다. 젊은 왕자는 그렇게 살았습니다. 호랑이 한 마리와 새끼 세 마리를 구하기 위해 자신을 희생했습니다. 이런 개념을 받아들이기 어렵다면 그것도 괜찮습니다. 계속 따라가다가 때가 되면 여러분도 그렇게 할 수 있습니다.

만일 악담의 독을 기꺼이 참고 받아들이지 못한다면, 즉 혹사당하는 것만으로 이미 충분한데, '악담'을 다루기란 쉽지 않습니다. 우리는 사람들이 의도적으로 우릴 번뇌롭게 만들고 싶어 하며, 성공할 때까지 포기하지 않을 것이란 걸 알고 있습니다. 마음이 그 정도로 심술궂을 수 있다면, 그 마음은 쌍방 모두를 해칠만한 '독'을 만들어낼 수 있습니다. 이혼을 겪고 있는 사람이라면 분명히 이런 일을 겪어야 할 것입니다. 얼마나 많은 사람이 '기꺼이 인내심을 갖고' 그런 일을 견딜 수 있을까요?

만일 선정의 힘이 부족하다면, 감로수 마시듯 악담을 즐길 수 없을 것입니다.

선정은 악담을 만병통치약으로 바꿔서, 여러분을 차분하게 해주고, 모든 갈증을 해소하고, 몸에 영양분을 공급해 줄 것입니다. 그러면 도에 들어간 지혜로운 사람이라 불릴 수 없습니다.

"도에 들어가다(入道)"란 쿵푸(gongfu)가 좀 있어서, 가혹한 대우에 더이상 바뀌지 않음을 의미합니다.

그러면 "지혜로운 사람"으로 여길 수 있습니다.

대단하지 않은가요? 부처님은 방금 야단맞았을 때에 대처하는 방법을 가르쳐주었습니다. 번뇌를 일으키지 않고 견디는 방법을 익히는 것입니다. 그렇게 하는 것이 자신을 이롭게 하는 것입니다. 야단을 맞을 때마다 감로수를 마시는 것 같아서 여러분이 더 잘 안다면 기꺼이 참을성 있게 견디고 있을 것입니다(꾸지람이 멈추길 원치 않습니다).

화를 내면 모든 선법이 부서집니다. 지금까지 지은 모든 선善은 쓸모가 없어질 것입니다. 그리고 새로 선을 짓는 것이 실질적으로 불가능합니다. 그리고 좋은 명예를 헐어버립니다. 즉 평생 좋은 명예를 세우기 위해서 했던 고된 일이 한순간에 무너질 수 있습니다.

현재나 미래의 사람들은 이런 사람을 보고 싶어 하지 않습니다. 화난 사람의 얼굴을 본 적 있나요? 보기에 그렇게 유쾌하지 않습니다. 화가 난 사람들은 우리의 삶에 불쾌감만 가져다줄 뿐입니다. 누가 그런 사람을 곁에 두고 싶겠습니까?

성난 마음은 사나운 불꽃보다 더하다는 것을 마땅히 알아야 합니다. 화난 마음은 파괴 쪽으로 치우쳤습니다. 사나운 불꽃보다 더합니다.

화를 늘 잘 막고 지켜야 합니다. 화는 여러분의 친구가 아니라 적입니다. 그러니 마음속에 들어오는 것을 허락하지 말아야 합니다. 스스로 성나게 두면 안 됩니다. 화가 나면 재빨리 풀어야 합니다. 곪게 두면 안 되고, 다음으로 가기 전에 빨리 그 불씨를 모두 꺼야 합니다.

공덕을 빼앗는 도둑 중 분노를 능가하는 것은 없습니다. 우리의 공덕에 가장 큰 피해를 줄 수 있는 모든 번뇌 도둑 중 분노가 최악입니다. 그 위험을 과소평가할 수 없습니다. 이런 말이 있습니다.

"분노의 생각 하나가 천년 공덕의 숲을 불태울 수 있다."

욕정을 즐기는 재가자나 도를 행하지 않는 사람은 스스로 제어할 방법이 없으므로 화를 내더라도 오히려 용서받을 수 있습니다. 여러분이 '재가자'이기 때문에 아직도 채워야 하는 많은 '욕구'가 있습니다. 좀 더 바깥쪽은 '수행하지 않는 사람들'을 의미하며, 이들은 자신을 통제할 법이 없습니다. 이런 두 종류의 사람이 성질이 있다면 그건 이해할 만합니다.

세상 사람들은 두 가지 위험에 직면해 있습니다. 첫째는 분노가 자신과 타인을 다치게 한다는 것을 모른다는 점입니다. 둘째는 한번 화가 나면 마음이 흐려져서 회복할 방도가 없는 것입니다.

그러나 출가하여 도를 닦고 욕정이 없는 사람에게는 분노를 품는 것이 허락될 수 없습니다. 여기 이중적 기준이 있습니다. 출가자는 세속적 추구에서 벗어나기로 선택한 사람들이고, "욕망이 없는 것"으로 특징지어지는 출세간의 수행에 연루된 사람입니다. 여기서 부처님은 출가자는 마음에 분노의 흔적조차 품어서는 안 된다고 단호하게 말합니다. 여기 예외란 없습니다.

맑게 갠 구름 속에서 갑자기 천둥 벼락이 치면 안 됩니다. 수행자의 마음은 맑은 푸른 하늘에 떠 있는 아름답고 하얀 구름과 같아야 합니다. 이들의 마음은 평화롭고 청량해야 합니다. 수행자는 '갑작스러운 천둥 벼락'과 같은 분노의 생각을 일으킬 수 없습니다. 천둥은 오직 먹구름과 함께 올 뿐입니다. 수행자의 마음에는 분노를 일으키는 어떤 씨앗도 없어야 합니다. 분노는 타인의 안녕을 위협하고, 파괴를 가합니다. 도의 마음과 양립할 수 없습니다.

교만의 번뇌를 막는다.

1.

비구들이여! 스스로 머리를 문지르며, 이미 몸 꾸미기를 버리고, 괴색의 가사를 입고, 발우를 들고, 걸식하면서, 살아가기로 하였다. 자신을 이와 같이 살펴보아야 한다. 교만심이 일어나면 마땅히 빨리 없애야 한다. 교만심을 기르는 것은 세속 사람도 할 일이 아닌데, 하물며 집을 나와 도에 들어온 이는 어떠한가. 해탈을 위해 스스로를 낮추고 걸식해야 한다.

汝等比丘 當自摩頭 已捨飾好 著壞色衣 執持應器 以乞自活 自見如是
여등비구 당자마두 이사식호 저괴색의 집지응기 이걸자활 자견여시
若起憍慢 當疾滅之 增長憍慢 尙非世俗白衣所宜
약기교만 당질멸지 증장교만 상비세속백의소의

何況出家入道之人 爲解脫故 自降其身 而行乞耶
하황출가입도지인 위해탈고 자항기신 이행걸야

1.

말법 시대에 중생은 교만한 성향이 있습니다. 이는 불경에 잘 예견되었습니다.

앞장에서 번뇌 중 제일인 분노를 다루었습니다. 이번 장에서는 우리의 두 번째 번뇌인 교만을 다루도록 합니다. 교만함을 피하기 위해서는 겸손해지는 법을 배워야 합니다.

출가자들이 스스로 머리를 문지르는 것은 이미 머리카락을 버렸다는 뜻입니다. 이미 몸 꾸미기를 버렸으니, 더는 스스로 꾸미는 것을 추구하지 않습니다. 그러니 우리에게 롤렉스 시계, 금장식, 실크 모자 등의 사치품을 주지 마십시오. 더는 우리 스스로에게 관심을 끌고 싶지 않습니다. 그래서 부처님은 우리가 괴색의 가사를 입는다고 정하였습니다. 우리는 가사를 염색하는데 허락된 색상만 사용합니다. 너무 밝아도 안 되며, 보통 옷과는 달라야 합니다(재가자와 다른 모습을 택합니다. 예를 들어 외출할 때 청바지나 티셔츠와 같은 평범한 옷을 입으면 안 됩니다). (가는 곳마다 늘 지녀야 하는) 발우를 들고, 걸식하면서 살아가기로 했습니다. 우리는 스스로 요리할 수 없습니다. 대승 사찰은 방편을 사용하는데, 더는 밖에 나가서 걸식하지 않고, 수행을 위해 경내에만 머무르며, 서로 요리를 해줍니다. 서양 국가에서는 사람들이 걸식의 다르마를 이해하지 못하기 때문에 이런 방법이 꽤 효과적입니다. 더구나 시간을 많이 절약하고, 외부와 접촉하면서 생기는 유루有漏를 최소화합니다.

이처럼 자신을 살펴보아야 합니다. 걸식하는 자라는 것을 스스로에게 상기시켜야 합니다.

만일 교만심이 일어난다면 빨리 없애야 합니다. 출가자는 원래 걸식하는 사람이긴 하지만 교만한 생각을 일으키기 쉽습니다. 첫째 여러분이 더 잘났다고 생각할 때, 둘째 동등할 때, 마지막으로 열등할 때 교만합니다. 예로 어떤 출가자는 다른 이보다 염불을 더 잘하거나 불경 강설을 더 잘하는 것을 자랑스러워합니다. 여러분이 아직도 자신을 타인과 비교한다면 아상我相이 있는 것입니다.

만일 교만심이 일어난다면 마땅히 빨리 없애야 합니다. 이런 생각을 지각하면 즉시 금강검을 휘둘러 그 싹을 잘라내야 합니다.

교만심을 기르는 것은 세속 사람도 할 일이 아닙니다. 재가자라면 교만이 부적절함을 이미 알 것입니다. 그러므로 하물며 집을 나와 도에 들어온 이는 어떤가요? 출가하고, 도에 들어가기 위해 애착을 잘라냈습니다. 어째서 아직도 교만이라는 세속적인 습관을 지니고 있나요?

정말로 해탈을 얻고 싶다면, 즉 생사에 끝을 내고 싶다면, 스스로를 낮추고(항상 겸손한 자세를 가져야 합니다) 걸식해야 합니다. 매일 몸에 양분을 주기 위해서 걸식하는 것은 생계를 위해서 타인의 관대함에 의존하고 있음을 스스로에게 상기시키는 일입니다. 그런데 어떻게 자신이 특별하다고 생각할 수 있나요?

이 장은 단지 출가자만을 위한 것일 뿐만 아니라 재가자에게도 적용됩니다. 재가자도 겸손을 실천해야 하고, 자신에게 관심을 끌지 않도록 하고, 절제를 사용하고 과도한 행동을 피해야 합니다. 강박적으로 자신의 몸을 가꿔서는 안 됩니다. 여전히 명예를 추구하고 외적인 것을 좇아가면서 해탈을 얻기란 매우 어렵다는 것을 알게 될 것입니다.

　요약하자면 수행자가 교만을 막기 위해서 다음의 다르마, 즉 머리카락을 버리고, 꾸미지 않으며, 괴색의 가사를 입으며, 발우를 들고 걸식합니다.

아첨의 번뇌를 피하다.

1.

비구들이여! 아첨하는 마음은 도道와 어긋난다. 그러므로 곧은 기질의 마음을 가져야 한다. 아첨은 단지 속일 뿐이니, 도에 들어온 사람은 이것이 쓸모가 없음을 알아야 한다. 그런 이유로 너희 모두는 마땅히 곧은 마음을 가져야 하고, 곧은 성질을 근본으로 삼아야 한다.

汝等比丘 諂曲之心 與道相違 是故宜應質直其心 當知
여등비구 첨곡지심 여도상위 시고의응질직기심 당지
諂曲但爲欺誑 入道之人 則無是處 是故汝等宜當端心 以質直爲本
첨곡단위기광 입도지인 즉무시처 시고여등의당단심 이질직위본

1.

대만에 중국어와 계율을 배우러 갔을 때, 재가자들에게 "보살"이라고 부르는 출가자들이 있었습니다. 그게 듣기에는 좋을지 몰라도 오해의 소지가 있을 수 있습니다. 그렇게 부르는 스님도 스스로 보살이 아닌데, 어찌 다른 사람이 보살인지 알아볼 수 있을까요? 누구든 그 말을 들으면 거짓이며, 잘 보이려는 것이라고 밖엔 느낄 수 없을 겁니다. 나는 스님들이 그렇게 해야 한다는 부담감을 절대 느끼지 않았으면 합니다. 우리가 수행을 위해서 그 정도까지 스스로 낮게 굽힐 필요는 없습니다.

부처님은 열반에 들기 전 세간법과 출세간법에 대하여 설하였습니다.

세간법은 세 가지 종류가 있습니다. 그 세 가지는 삿된 업을 다루는 법, 괴로움을 끝내는 법, 번뇌를 자르는 법입니다. 삿된 업을 피하려면 계율을 지키고 삿된 것을 멀리해야 합니다. 괴로움을 끝내려면 방일과 오근의 탐닉을 피하고, 과식하거나 잠을 많이 자는 것을 피해야 합니다. 번뇌를 자르려면 분노와 아첨을 피해야 합니다.

출세간법에는 소욕少欲, 지족知足, 원리遠離, 정진精進, 정념情念, 선정禪定, 지혜智慧 그리고 불희론不戲論이 있습니다.

우리가 왜 세간법에 관해서 이야기할까요? 왜냐면 세간법도 수행의 한 부분이기 때문입니다. 우리가 이 세상에 있으면서 세간법도 이해하지 못하면서, 출세간법을 이해한다는 것은 불가능합니다. 우리가 사는 이 세상은 삼계三界 즉 욕계, 색계와 무색계로 이루어져 있습니다.

욕계慾界는 우리 인간들이 있는 곳입니다. 여기에 축생, 귀신과 지옥이 포함됩니다. 그리고 지구 위에 여섯 층의 천상이 있습니다. 가장 잘 알려진 첫째 층의 천상은 사천왕의 초선천, 둘째 층의 천상은 기독교 신이 상주하는 이욕천, 그리고 여섯째 천상은 천마가 상주하는 육욕천입니다. 천마(Heavenly Demons)들은 엄청난 영적인 힘을 가지고 있으니 두려워할 만합니다. 그들의 힘은 복으로 인한 것이지, 수행의 결과가 아닙니다.

색계色界는 초선初禪의 천상에서 사선四禪 천상까지 포함합니다. 여기 사는 존재들은 성욕으로부터 자유롭습니다. 이들과 달리 우리 욕계에 사는 존재들은 일상생활에서 욕정을 쫓습니다. 우리는 욕망이 충족되어야만 행복을 느낍니다.

무색계無色界는 오정五定부터 팔정八定까지의 천상을 포함합니다. 세간법에서 제일 높이 성취할 수 있는 단계는 팔정입니다. 불법을 사용하지 않고서 이보다 더 멀리 진전하는 것은 불가능합니다. 예를 들어 팔정보다 더 멀리 진전하는 한 가지 방법은 아라한의 법을 배우는 것입니다. 구정九定이 바로 아라한의 법입니다.

수행할 때 초선은 중요한 지표입니다. 그다음 수다원이 상당히 중요합니다. 그때 진塵에서 자유롭게 됩니다. 그들의 지혜는 팔정에 비하면 상상을 초월합니다. 이 과위果位를 맺기란 꽤 힘든 일입니다.

우리는 이 말법 시대에 선禪과 정토淨土를 동시에 수행하라고 권합니다. 선정을 빨리 키우기 위해서 선禪 수행법을 이용하고, 아미타 부처님의 정토에서 왕생하기 위한 씨앗을 심기 위해서 염불법도 같이 합니다. 이건 이번 생에 해탈을 얻지 못할 경우를 대비한 일종의 보험입니다. 인간의 몸을 얻기란 매우 어렵고, 그걸 한번 잃으면 언제 되찾을 수 있을지 모른다는 점을 명심해야 합니다. 이제 여기서 대승을 만날 기회가 생겼으니, 윤회의 바퀴에서 해탈을 얻기 위해 수행의 기회를 이용해야 합니다. 수백만 번의 생을 거친 어떤 이의 존재 전체를 생각해보면, 지구상에서 한 생은 비교적 꽤 짧은 시간입니다. 거긴 기쁨보다는 괴로움이 더 큰 특징이 있습니다. 생계를 유지하기 위해서 중생은 착한 일보다 죄를 짓기가 더 쉽습니다. 그래서 우리 대부분 몸을 바꿀 때 결국 인간의 몸을 잃고, 과거의 죄에 대한 업보를 받기 위해 더 낮은 법계로 추락하게 됩니다. 우리 모두 추락하지 않도록 최선을 다합시다.

수행에는 나름의 행복이 있습니다. 그러한 기쁨 중 하나는 번뇌가 없다는 것입니다. 그건 돈으로 살 수 있는 것이 아닙니다. 지구상에서 가장 부유한 사람조차도 초선천初禪天에 가는 비용을 낼 여유가 없습니다. 그런 과학 기술이 아직 없기 때문입니다. 게다가 초선천은 우주선이 데려다줄 수 있는 거리보다 훨씬 더 멀리 있어서 필요한 돈도 엄청날 것입니다. 그곳에 가려면 많은 복이 필요합니다. 이런 복은 여러 생에 걸쳐서 축적된 데서 옵니다. 복은 어떻게 쌓을 수 있을까요? 최상의 방법은 수행하는 것입니다. 불교에는 8만 4천 개의 다양한 법의 문(法門, 수행의 방법)이 있습니다. 그러므로 언제든 우리에게 제일 맞는 것을 찾을 수 있습니다. 불보살님들은 만장일치로 염불이 말법 시대에 가장 으뜸의 법이라고 분명히 말했습니다. 이는 정토종 수행으로도 알려져 있습니다. 그 목적은 '일심분란一心紛亂'이 될 때까지 부처님의 명호를 외우는 것입니다. 그러면 죽음의 순간 아미타 부처님의 서방세계에서 왕생을 보장받을 수 있습니다. 왕생만 하면 불국토에서 한평생에 성불을 이룰 수 있습니다. 그러므로 우리는 윤회의 수레바퀴에서 도는 것에 대해서 더는 걱정할 필요가 없게 됩니다. 그만큼 간단합니다. 왕생을 얻으면 여러분은 해낸 것입니다. 이것이 바로 정토종이 동양에서 가장 인기 있는 수행법인 이유입니다.

수행에 있어 가장 큰 장애는 번뇌입니다. 이는 삼독 즉 탐진치에서 일어납니다. 수행자는 화를 내면 안 됩니다. 특히 쿵푸(gongfu, 수행의 힘)가 있는 사람은 화를 품으면 안 됩니다. 분노는 매우 파괴적입니다! 지혜가 있는 스승은 화내는 제자에게 절대로 고수준의 기술을 가르쳐주지 않을 것입니다. 좋은 스승은 타인을 해치기 위해서가 아니라 돕기 위해서 지혜, 선善함, 아름다움, 덕에 대해서 가르칩니다. 그래서 스승은 학생을 가르치기로 마음먹기에 앞서 학생의 인내심 수준을 끊임없이 시험합니다.

낮은 단계의 수행자는 탐욕에 주의해야 합니다. 탐하지 마십시오. 여러분은 진전함에 따라서 감각기관을 제어하는 방법을 익힙니다. 더 높은 단계의 수행자는 형태(色)에 대한 집착에 직면하는 법을 배워야 합니다. 이런 시험들을 통과하면 수다원과에 도달합니다.

아라한은 자신의 자아를 제거했습니다. 이것이 자신으로부터의 해방입니다. 그러면 여러분은 올바른 길로 가고 있고, 올바른 방향으로 가고 있습니다.

자아가 없다는 것은 더는 자신을 이롭게 하려고 아첨할 필요를 느끼지 않는다는 것을 의미합니다.

아첨에는 두 가지 요소가 있습니다. 첫째는 진실이 아닌 아첨하는 말을 하는 것이고, 둘째는 굽은, 곧지 않은 마음을 갖는 것입니다.

비구들이여! 아첨하는 마음은 도道와 어긋난다.

우리는 진리에 도달하기 위하여 수행합니다. 그것에 더 가까워지기 위해서는 먼저 마음속의 거짓부터 없애는 것으로 시작해야 합니다. 그러므로 곧은 마음을 가져야 합니다. 곧은 마음이 도량 곧 수행하는 곳입니다. 그러므로 만약 여러분이 도량에 오려고 시간과 노력을 투자한다면, 도량에 있는 동안 곧은 마음이어야 합니다. 도량에서 상주하는 출가자는 아첨해서는 안 됩니다. 서로 아첨하는 것도 또한 삼가야 합니다. 특히 출가자는 공양물을 더 받기를 바라면서 재가자에게 아첨하면 안 됩니다.

아첨은 단지 속일 뿐이니, 즉 거짓된 행동이니, 도道에 들어온 사람이라면 이것이 쓸모가 없다는 것을 알아야 합니다. 수행자는 진실하지 못한 일을 해서는 안 됩니다. 그러므로 도에 들어온 사람(入道之人)은 이것이 쓸모가 없습니다. 우리는 마음을 곧고 바르게 해야 합니다. 어떤 것도 숨겨서는 안 되며, 단점과 한계에 대하여 정직해야 하고, 가진 능력에 대하여 겸손해야 하며, 곧은 성질을 근본으로 삼아야 합니다. 모든 사람에게 솔직하고 곧아야 합니다.

수행자는 이점에 주의를 기울여야 합니다. 수행자는 도道에 들어감에 따라 곧은 마음을 유지할 필요가 있습니다. 그렇지 않으면 진전할수록, 즉 더 높이 도달할수록 굽은 마음을 돌이키는 게 더 어렵습니다(결국 그런 사람들은 굽은 마음을 갖고 거기까지 도달했던 것입니다. 그러니 누가 성공에 대해 그들과 논쟁할 수 있을까요?). 재가자조차 인간 관계에 있어서 정직하고 직설적이어야 합니다. 그래야 신뢰를 쌓습니다.

출세간법의 법요

출세간법에는 소욕, 지족, 원리, 정진, 정념, 선정, 지혜와 불희론(不戲論, 쓸데없는 대화나 궤변에 연루되지 않는 것)이 포함됩니다.

○ 구함이 없는 공덕

1.

비구들이여! 욕망이 많은 사람은 이익을 많이 구하기 때문에 고뇌가 많다. 욕망이 적은 사람은 구하거나 바라는 바가 없어 근심 걱정(此患)이 없다. 곧음이 욕망을 줄이고, 그에 따라서 닦고 익혀야 한다. 욕망이 적은 사람은 능히 모든 공덕을 지을 수 있다.

욕망이 적은 사람은 남에게서 원하는 것을 얻기 위하여 아첨하지 않는다. 게다가 그들은 감각기관에 끌려가지 않는다. 그 결과로 소욕을 행하는 자는 마음이 평안하여 아무 걱정이나 두려움이 없다. 하는 일에 여유가 있고, 언제나 모자람이 없다. 이렇게 욕망을 줄인 사람에게 즉 열반이 있다. 이를 '욕망을 줄인다(少欲)'라고 한다.

少欲之人 則無諂曲以求人意 亦復不爲諸根所牽
소욕지인 즉무첨곡이구인의 역복불위제근소견

行少欲者 心則坦然 無所憂畏 觸事有餘 常無不足
행소욕자 심즉탄연 무소우외 촉사유여 상무부족

有少欲者 則有涅槃 是名少欲
유소욕자 즉유열반 시명소욕

汝等比丘 當知多欲之人 多求利故 苦惱亦多
여등비구 당지다욕지인 다구이고 고뇌역다

少欲之人 無求無欲 則無此患
소욕지인 무구무욕 즉무차환

直爾少欲 尙宜修習 何況少欲能生諸功德
직이소욕 상의수습 하황소욕능생제공덕

1.

여기서 먼저 "소욕少欲"과 "지족知足"이라는 쌍으로 시작합니다. 소욕은 구하지 않는 것(無求)입니다. 득도를 위해서 반드시 욕망을 줄여야 합니다.

세간 사람은 자신이 원하는 것을 추구합니다. 어떤 것이든 하나를 얻으면 두 개를 갖고 싶어 합니다. 예를 들어 자동차 값을 다 지불하면, 주말에 보트를 호수로 운반할 SUV를 사려고 합니다. 그 보트 비용을 다 내면, 캠핑 여행을 갈 수 있는 RV도 사고 싶습니다. 우리는 이것저것 사고 싶고, 갖고 싶습니다. 잘 산다는 것은 달리 말하자면 욕망을 탐닉하는 것이 아닐까요?

대조적으로 수행자들은 해탈을 얻으려고 노력하며, 삶의 여정 동안 일어나는 장애를 피하려면 민첩하고 발이 빨라야 합니다. 그것이 외적인 것에 대한 욕망에 사로잡혀서는 안 되는 이유입니다. 외적인 것들은 수행자를 산란하게 할 것입니다. 특히 쿵푸(gongfu)가 좀 생기면 마치 더 빠른 속도로 여행하는 것과 같습니다. 탈선할 위험이 있기 때문에 어떤 방심도 용납할 여유가 없습니다.

부처님이 말씀하시길 욕망이 많은 이, 즉 욕망에 탐닉하는 이는 이익을 많이 구하므로, 보통 이익을 얻는 것이 동기부여가 되고, 따라서 고뇌를 많이 겪습니다. 우리가 학교에 교육을 받으러 가는 것은 이윤을 내기 위해서입니다. 평생 이익을 추구하고, 이익을 환영하고, 많은 이익을 낸 사람을 보고 감탄합니다. 그 결과 고뇌가 많습니다. 이익이라는 명목으로 몸을 망치고, 가정을 깨뜨리고, 사랑하는 사람을 소홀히 합니다. 바로 보현보살의 구절 중 "그게 뭐 그리 중요한가요?"처럼 말입니다.

　반대로 욕심이 적은 사람은 의식적으로 무구(無求: 구하지 않음)를 선호하며, 추구하거나 바라는 바가 없어서 이러한 근심 걱정(此患)이 없습니다. 보통 사람들은 끊임없이 이루지 못했다는 느낌으로 괴롭지만, 욕심이 적은 사람은 그런 느낌에서 자유롭습니다. 어떤 이들은 이렇게 생각할 수 있습니다. '이제 알았어! 나는 더는 밖을 보지 않을 거야. 더는 타인에게서 이익을 챙기지 않겠어!' 참으로 잘된 일이군요! 하지만 내가 묻겠습니다. 타인에게 이용당하지 않길 바라는 것은 어떤가요? 만약 (그들에게) 빚지지 않았다면, 그들도 여러분을 이용할 수 없습니다. 이용당하고 싶지 않은 그 욕망조차도 원하지 말아야 합니다.

　그러므로 곧음이 욕망을 줄이고, 그에 따라서 마땅히 닦고 익혀야 합니다. 일단 이해하면, 즉시 실행에 옮겨야 합니다. 그것이 바로 수행입니다. 따라서 모든 행동이 욕망 때문에 일어났는지 잘 들여다봐야 합니다. 욕망을 줄이는 사람은 능히 모든 공덕을 더 많이 지을 수 있고, 무구無求는 온갖 종류의 공덕을 만듭니다. 왜일까요? 마음의 명료함을 유지할 때 자제할 수 있고 죄를 짓지 않기 때문입니다. 즉 타인과 세상을 해치지 않는 것이 공덕을 짓는 일입니다.

　욕망을 줄인 사람은 남에게서 원하는 것을 얻기 위하여 아첨하지 않습니다. 무구의 직접적인 결과는 타인의 좋은 편이 되기 위해서 아첨하는 경향이 줄어든다는 것입니다. 욕심에서 자유로운 사람은 사랑을 받아도, 미움을 받아도 괜찮습니다. 인기를 구하지 않고, 인기가 없어지는 것도 피하지 않습니다. 게다가 감각기관에 끌려가지 않습니다. 이들의 독특한 능력은 육근六根으로 혼란스럽지 않고, 육진六塵을 구하려고 육근이 밖으로 나가게 두지 않는다는 것입니다. 이런 뛰어난 수행자는 끊임없이 "빛을 돌이켜 자신을 비춥니다."

그 결과로 소욕을 행하는 자는 변함없이 마음이 평안하여 아무 걱정이나 두려움이 없습니다. 이들의 마음은 늘 편안하고, 걱정도 두려움도 없습니다. 여러 경계에 직면할 때, 어떤 상황에서도, 언제 어디서나 항상 여유롭고 모자람이 없습니다. 욕망의 생각이 절대 일어나지 않습니다. 이것이 진정한 자제自制입니다.

이렇게 욕망을 줄인 사람에게 열반이 있습니다. 무구를 수행하는 자들은 '열반'을 성취하는 길에 있습니다. 이를 '소욕少欲'이라 합니다. 이것이 무구無求를 수행하는 방법입니다. 이 경전은 실로 수행자를 위한 귀중한 지침서입니다.

보살행은 다음과 같이 묘사할 수 있습니다.

"마음과 경계가 평탄하고 깨끗하다. 체가 진실하다(心境坦白質真)."

"근(뿌리)과 진(띠끌)에 의해 이끌리거나 얽매이지 않는다(不爲根塵牽累)."

보살은 마음이 경계에 부딪혔을 때 언제나 평안하고 때 묻지 않습니다. 그건 외부로부터 전혀 영향을 받지 않는다는 의미입니다. 진흙에 들어가도 여전히 더럽혀지지 않습니다. 보살의 '체體' 즉 보살의 성품, 특징은 본질적으로 진실합니다.

중생은 보살과 친근해야 한다는 것을 이해하지 못합니다. 그래서 보살이 중생과 가까이하기 위해 진흙으로 뛰어듭니다. 중생은 장난감에 너무 분주하게 홀려 있어서, 이 깨달은 존재는 중생의 그런 열정에 대해서도 더 잘 이해하기를 원할 것입니다.

보살은 중생과 달리 더럽혀진 세상에 들어가도 혼란스럽지 않습니다. 이 세계는 '띠끌(塵)'로 이루어져 있습니다. 그 의미는 첫째, 문자 그대로 이 세계가 물리적으로 아주 미세한 띠끌로 이루어져 있다는 뜻입니다(아주 미세한 입자가 모였습니다). 둘째, 이 세상이 감각기관에 의해 인지되는 방법이 육진六塵입니다. 보살은 육진과 접촉할 때 육근六根이 밖으로 '끌려'나오지 않으며, 마음이 외부 자극에 '얽매이지' 않습니다. '이끌린다.'에 당겨진다는 의미 외에도 강제로 여기저기 끌려다니거나 방해받는다는 의미도 내포합니다.

'얽매이다.'는 진전하는 것을 방해하거나 막는 것을 의미하지만, 여기 또 다른 뜻도 있습니다. 첫째, 강요되다(자기 통제가 없다). 둘째, 타인에게 부정적인 영향을 미친다(예로 거꾸로 여러분이 다른 이들을 얽매이게 합니다). 셋째, 손실(패배) 그리고 넷째, 움직이다. 즉 망상이 일어나다(부적절한 선정의 힘).

보살은 중생을 건너서 도탈度脫시켜서 고통과 괴로움에서 해방시킵니다. 보살은 자신의 광대한 서원에 따라 중생을 고해苦海에서 안락의 피안으로 건너게 해주려고 합니다. 보살은 중생의 걱정, 어려움(우환,憂患) 그리고 안락安樂을 자신의 것으로 받아들입니다.

무구無求의 법으로 그들은 복을 저축하여 중생에게 더 많은 것을 줄 수 있습니다. 보살은 중생의 괴로움의 본질을 이해하고, 중생이 행복을 얻을 수 있도록 노력합니다. 중생이 우환이 있는 한, 보살 스스로 즐거울 수 없습니다. 중생이 안락을 경험할 때 보살도 더 행복하게 느낍니다. 이건 부모가 자식에 대해서 느끼는 감정과 다르지 않습니다.

중생은 자신의 이익을 탐하고 있으며, 무구를 수행해야 한다는 것을 이해하지 못합니다. 성문聲聞은 욕망을 줄이고, 자신을 위해서 탐하지 않으며, 중생을 돕는 것도 탐하지 않지만, 여전히 자신의 해탈을 탐합니다. 보살은 무구를 수행하고, 자신을 위해 탐하지 않고, 단지 중생을 위해서만 탐합니다.

여러분의 운영 방식은 무엇인가요?

○
만족의 공덕

　부처님은 다음으로 두 번째 구성 요소인 만족을 아는 것(知足)에 대해 자세히 설명합니다. 앞서 설명한 '무구'와 '소욕'은 밖에서 구하지 않는 것입니다. '만족'은 지족知足을 말하며, 공덕의 내면적 요소입니다.

1.

비구들이여! 만약 모든 고뇌를 벗어나고자 한다면 마땅히 지족知足을 관해야 한다. 지족의 법은 부유하고 즐거우며 안온安穩한 곳이다. 만족할 줄 아는 사람은 비록 맨땅 위에 누워 있어도 오히려 편안하고 즐겁다. 만족할 줄 모르는 사람은 비록 천상에 있어도 여전히 마음에 들지 않을 것이다.

만족하지 못하는 자는 비록 부유하더라도 가난하다. 만족할 줄 아는 사람은 비록 가난하지만 부유하다. 만족을 모르는 자는 언제나 오욕에 끌려가고, 만족할 줄 아는 사람에게서 불쌍하게 여겨진다. 이것을 지족이라 한다.

汝等比丘 若欲脫諸苦惱 當觀知足 知足之法 卽是富樂安穩之處
여등비구 약욕탈제고뇌 당관지족 지족지법 즉시부락안온지처
知足之人 雖臥地上 猶爲安樂 不知足者 雖處天堂 亦不稱意
지족지인 수와지상 유위안락 부지족자 수처천당 역불칭의
不知足者 雖富而貧 知足之人 雖貧而富
부지족자 수부이빈 지족지인 수빈이부
不知足者 常爲五欲所牽 爲知足者之所憐愍 是名知足
부지족자 상위오욕소견 위지족자지소연민 시명지족

1.

공자의 제자인 안회顔回가 말했습니다.

"한 그릇의 밥과 한 표주박의 물(一簞 一瓢飮)."
"누추한 거리에 사는 것을, 다른 사람은 그의 괴로움을 견디지 못하지만, 그런데도 그는 자기 행복을 바꾸지 않을 것이다(在陋巷 人不堪其憂 回也不改其樂)."

안회는 훌륭한 인물입니다. 공자가 하나를 설명하면 열 가지를 이해했습니다. 그는 아주 현명한 사람이므로 만족을 알았습니다. 삼십 대에 죽었지만, 아마도 그건 그가 충분히 오래 살았다고 느꼈기 때문일 것입니다.

그는 생전에 매우 가난했습니다. 밥그릇 하나 살 여유가 없어서, 대나무 한쪽을 반으로 잘라서 밥그릇으로 사용했습니다. 그런 대나무 그릇 하나에 만족해서, 두 개를 지니지 않았습니다. 이와 비슷하게 조롱박을 컵으로 썼습니다. 그는 최소한의 것에 만족하며 소박한 삶을 살았습니다.

잠잘 시간이 되면, 너무 좁거나 더러워서 다른 사람이 원하지 않을만한 뒷골목을 찾았습니다. (그러면 다른 사람과 다퉈야 하는 상황을 피하려고 심지어 자리를 차지하지도 않을 수도 있습니다.) 그는 제3세계 시골 농부나 서양의 노숙자보다도 소유물이 적었습니다! 다른 사람이 그의 상황을 알아차렸을 때, 그의 고난과 극심한 가난을 견딜 수 없었습니다. 하지만, 만일 그에게 묻는다면, 매우 행복하여 아무것도 바꾸지 않을 것입니다. 욕심도 없고, 구하지도 않습니다. 그가 너무 무뎌서 그렇게 빈곤해야만 했던 것도 아니고, 스스로 부양할 기술이나 재능, 지능이 부족해서 그런 것도 아닙니다. 사실 현명한 사람은 우리 보통 인간들처럼 무의미한 활동에 시간과 에너지를 낭비하지 않습니다.

부처님은 "비구들이여! 모든 비구, 비구니, 사미, 사미니, 식차마나, 우바새와 우바이는 모든 고뇌苦惱를 벗어나고자 한다면 마땅히 지족知足을 관해야 한다."고 말합니다. 여기서 '고苦'는 육체적인 괴로움을 의미하며, '뇌惱'는 마음의 번뇌를 뜻합니다.

법을 설할 때 석가모니 부처님은 매우 간결합니다. 남는 단어가 하나도 없고, 하나의 단어도 부족하지 않습니다. 중국어 원문을 보는 대부분 사람들은 "관찰하다, 자세히 보다."라는 뜻을 가진 '관觀'자를 이해하지 못합니다. 만약 여러분이 고뇌한다는 것을 알아차린다면, 지족의 법을 사용해서 그걸 다스릴 수 있습니다. 그걸 어떻게 사용할 수 있을까요? 지족을 "관觀"함으로써 가능합니다.

관법觀法은 무엇일까요? 이 단어는 불교 문헌에서 자주 언급되며, 수행자들이 많이 인용합니다. 하지만 그 의미를 이해하는 사람이 별로 없습니다. 나 자신도 혼란스러웠습니다. 명상 관련 문헌에서 꽤 자주 언급되는데 당황스럽지 않을 수 없습니다. 나는 이제야 겨우 그 뜻에 대한 단서가 잡히기 시작했습니다. 그래서 여러분과 공유해볼까 합니다. '관觀'이란 시간을 갖고, 그에 대해서 생각한다는 것을 의미하지 않습니다. 예로 도대체 그게 무슨 뜻인지 머리를 쥐어짜서 생각해내서는 안 됩니다. 절대로 정신적 처리를 통해 그 의미를 이해하려 해서는 안 됩니다. 맞습니다. 내 말을 방금 들었다시피 이해하려 하지 마십시오. 이해하고자 바라는 것은 괜찮습니다. 이해를 고집하는 것은 쓸모없는 일입니다. 이것이 바로 관법을 성취한 이와 아직 이해하지 못한 사람의 차이점입니다.

관을 하기에 제일 좋은 방법은 될 수 있으면 결가부좌로 앉아서 집중하는 것입니다. '지족'이라는 주제에 마음을 고정하고, 연역演繹이나 사변思辯에 빠지지 마십시오. 그냥 그 단어에 마음을 고정하십시오. 화두를 해본 사람들은 내 말의 의미를 이해할 것입니다. 그렇지 않은 경우, 선지식을 찾아서 도움을 청하십시오.

지족의 법은 부유(富)하고 즐거우며(樂) 안온安穩한 곳입니다. 만약 부유하고, 명예롭고, 안락하고, 안전하고, 평화로워지고 싶다면, 그걸 얻기 위해서 거기에 가야 합니다. 그것이 어디에 있는지 안다면, 반드시 얻을 것입니다. 부처님은 우리에게 무엇을 해야 하는지 말해주기 위해 그렇게 부드러운 말을 사용했습니다! 나는 불교 서적을 많이 읽은 사람들을 꽤 많이 알고 있습니다. 그들에게 질문하면 해당 주제에 대한 긴 강연을 들을 수 있을 겁니다. 만약 그런 유형의 사람들을 만난다면 어떻게 "부유, 즐거움, 안온"을 얻을 수 있는지 물어보십시오. 아마도 여러 경전의 문구를 인용해줄 것입니다. 이 경전의 한 부분을 인용하면서 "부처님은 지족해야 한다고 했습니다."라고 말하는 사람도 꽤 있을 것입니다. 글을 읽을 수 있는 사람이면 누구나 같은 대답을 할 수 있을 것입니다. 그러면 끝까지 물어봐야 합니다. "당신은 지족합니까?" 개념에 대해 아는 것은 그걸 경험하는 것, 그것을 실천하는 것과는 다릅니다. 우리 모두 당신을 따라서 보물 수집할 수 있는 그 똑같은 "머무는 곳"에 가려면, 우선 그곳이 어디에 있는지부터 알아야 합니다.

중국 속담에 "만족하는 사람은 항상 즐겁고, 능히 인내하는 사람은 스스로 편안하다(知足常樂 能忍自安)."라고 했습니다. 자신이 가진 것에 만족하면 행복이 옵니다. 즉 어떤 것이든 견딜 수 있어야 (자신과 세상이) 항상 평화롭습니다.

어떻게 "복과 안락에 머무는 곳"을 안다는 것을 알 수 있을까요?

만족할 줄 아는 사람은 비록 맨땅 위에 누워 있어도 오히려 편안하고 즐겁습니다. 기본적인 편의 시설이 없어도(맨바닥에서 자는 것을 꺼리지 않을 사람이 얼마나 될까요?) 전혀 개의치 않습니다. 무시당하고, 경시당해도 번뇌롭지 않습니다. 이와는 반대로 만족할 줄 모르는 사람은 비록 천상에 있을지라도 여전히 불만스럽습니다. 천상에서는 자신의 복을 누릴 수 있습니다. 뭔가 먹고 싶나요? 문제없습니다. 가장 맛있는 천상의 음식이 필요한 만큼 나타납니다. 설거지할 필요도 없고, 쓰레기를 내놓지 않아도 됩니다(아마도 남성들에게 흔히 있는 두 가지 불만이겠죠). 여행하고 싶은가요? 문제없습니다. 즉시 그곳으로 날아갈 수 있습니다. 공항에 운전해서 갈 필요도 없고, 긴 보안검색대에 줄을 설 필요도 없고, 몇 시간 동안 비행기의 좁은 의자에 끼어 앉을 필요도 없습니다. 파티에 차려입고 가고 싶나요? 문제없습니다. 최상의 곱고 세련된 옷이 스스로 나타날 것입니다. 쇼핑몰에 운전해서 갈 필요도 없고, 남편이 여러분의 소비 습관에 대해서 불평하는 소리도 들을 필요도 없습니다.

상상해보십시오. 인생이 그렇게 멋질 수 있지만, 사람들은 여전히 '불만족'할 것입니다! 왜 그럴까요? 아직도 이루지 못한 욕심이 있으므로 불만입니다. 아직도 가진 게 충분하지 않다고 느낍니다. 이것이 자아의 특징입니다. 여러분이 갖지 못하면 밤낮으로 백일몽을 꿉니다. 일단 그것을 얻는 순간 금방 무료해지며, 더 많은 것을 원하게 됩니다. 갖지 못하면 불만족합니다. 어떻게 해서든 그걸 얻어내지만, 여전히 만족하지 못합니다. 그런데도 왜 욕망에 빠져듭니까?

알았나요?

만족하지 못하는 사람은 부자일지라도 가난합니다. '갖지 못한 것'에 비하면 꽤 부유하지만, 개인적으로 아직도 많은 것이 부족하다고 느낍니다. 만약 몇십억 달러만 더 벌 수 있다면, 만족스러울지 모릅니다. 만족하는 사람은 비록 가난할지 몰라도 부유합니다. 이미 많은 것을 가지고 있다고 느끼고, 더는 욕심을 부리지 않습니다. 진정으로 부유한 사람들은 욕심을 부리지 않고 검소하며, 소비 습관을 절제해서 부자가 되었음을 이해하기 때문에 더는 욕심을 부리지 않습니다.

만족을 모르는 자는 언제나 오욕에 끌려가고, 만족하는 자로부터 불쌍하다고 여겨집니다. 오욕은 다음과 같습니다.

1. 성욕 : 잘생긴 사람들을 보는 것을 좋아합니다.
2. 재물욕 : 재정적으로 독립하고 사치품을 살 수 있도록 돈을 많이 법니다.
3. 명예욕 : 타인에게 존경받고 칭찬받기를 원합니다.

4. 수면욕 : 체력과 건강을 위해 휴식을 취합니다. 보통 이것은 식욕과 쌍을 이룹니다.
5. 식욕 : 좋은 음식을 탐닉하고, 과식합니다.

　앞서 언급한 다섯 가지 욕망이 우리를 이리저리 끌고 다니지만, 우리는 그게 가장 자연스럽다고 느낍니다. 예를 들어 우리 대부분 맛있는 음식을 좋아합니다. 그 욕망, 좋아하는 것은 자연스러운 것입니다. 하지만 우리가 끌려다닌다는 것을 모른다는 것이 위험한 일입니다. 일단 맛있는 음식을 맛보고 나면 더 먹고 싶어질 것입니다. 게다가 치즈, 버터와 유제품을 많이 먹으면 성욕이 증가하고 배로 늘어납니다. 하나의 욕망을 만족시키면 대개 다른 욕망으로 안달하게 됩니다. 이는 마치 마비 상태로 사는 것과 같아서, 그게 만족할 줄 아는 사람이 우릴 측은하게 여기는 이유입니다. 그들은 우릴 불쌍하게 여깁니다. 그들은 이미 그런 일을 겪었고, 이제 지족의 법으로 자제의 안락을 경험했기 때문입니다. 우리가 괴로움을 행복으로 착각하고, 이들의 말을 믿길 거부하기 때문에 불쌍한 것입니다. 설사 그들을 믿는다고 하여도, 탈출구를 찾으려 하지 않습니다. 이것이 바로 부처님이 말씀하신 '집성제'입니다. 즉 괴로움은 끝없이 서로서로 위에 쌓여 올라갑니다. 이런 말이 있습니다.

"부처님의 빈곤한 출가 제자들은 스스로 가난하다고 하지만, 실제로 몸은 가난하나 그 도道는 가난하지 않다(窮釋子 口稱貧 實是身貧道不貧)."

"가난하여 떨어진 누더기를 입고 있지만, 사실 도에 대한 마음은 가치를 매길 수 없는 귀중한 보석을 담고 있다.(貧則身常披縷褐 道則心藏無價珍)."

부처님의 출가한 제자들은 부처님의 성씨인 석(釋, Shakya) 자를 사용합니다. 그들은 가난해야 합니다. 그리고 실제로 매우 가난합니다.

옛날에는 출가자가 스스로 "이 가난한 비구·비구니"라고 칭했습니다. 그건 가난한 사람의 도를 행하고 있다는 뜻입니다. 가난함! 그게 신분의 상징이기도 했습니다. 요즘은 출가자가 사찰의 규모나 은행 계좌의 잔고로 점수를 매기는 경향이 있습니다.

사실 출가자의 몸은 가난할 수도 있습니다. 가난하게 살지만, 마음은 전혀 가난하지 않습니다. 그들의 마음은 지혜와 선善으로 부유합니다. 출가자는 영적인 복을 보존하려고 가능한 최소한의 물건만 갖고 살기로 선택했습니다. 물질적 소유는 집착을 초래합니다. 영적인 복은 해탈로 이어집니다.

가난한 생활 기준 때문에 출가자는 쓰레기 더미 같은 곳에서 버려진 옷을 모으곤 했습니다. 그런 후 깨끗이 빨아서 조각을 이어 붙인 후 출가자의 색으로 염색했습니다. 그것이 승려의 옷이 만들어졌던 방법입니다.

만약 어떻게 도를 수행하는지 안다면, 여러분의 마음은 사실 값을 매길 수 없는 보석을 품고 있는 것과 같습니다. 그건 보통 사람이 살 수 없는 것입니다.

요약하자면 지족의 법은 우리를 집착의 굴레에서 벗어나게 해주고(能解脫煩惱的), 안온한 곳을 얻으며(得到安穩的處所), 오욕으로 괴롭거나 혼란스러워지는 것을 막게 해줄 수 있습니다(不被五欲擾亂).

○
원리의 공덕

1.

비구들이여! 적정무위寂靜無爲의 안락安樂을 구하라. 마땅히 안팎의 심란心亂과 시끄러움을 떠나 홀로 한가한 곳에 있어야 한다. 조용하고 한가한 곳에 있는 사람은 제석천帝釋天과 모든 천신들도 공경한다. 이러한 이유로 마땅히 나의 무리와 타인의 무리를 버리고, 괴로움의 멸滅에 대한 근본을 관觀하기 위해 비고 고요한 곳에 홀로 거처해야 한다. 만일 무리를 좋아하면 많은 괴로움을 겪을 것이다. 마치 큰 나무에 많은 새가 모이면 그 가지가 시들어 부러질 근심이 있는 것과 같다.

세간 일에 얽매이고 집착하면 늙은 코끼리가 진흙 수렁에 빠져 스스로 헤어 나오지 못하는 것과 같이 여러 겹의 괴로움에 빠진다. 이것을 '원리遠離'라고 한다.

汝等比丘 欲求寂靜無爲安樂 當離憒鬧 獨處閒居
여등비구 욕구적정무위안락 당리궤료 독처한거

靜處之人 帝釋諸天所共敬重
정처지인 제석제천소공경중

是故當捨 己衆他衆 空閒獨處 思滅苦本
시고당사 기중타중 공한독처 사멸고본

若樂衆者 則受衆惱 譬如大樹 衆鳥集之 則有枯折之患
약락중자 즉수중뇌 비여대수 중조집지 즉유고절지환

世間縛著 沒於衆苦 譬如老象溺泥 不能自出 是名遠離
세간박착 몰어중고 비여노상익니 불능자출 시명원리

1.

　원리遠離란 소음, 흥분, 소란으로부터 큰 거리를 두는 것입니다. 그것은 공덕을 짓는 일입니다. 반대로 원리를 추구하지 않고, 흥분과 소음을 쫓으면 죄를 짓게 하는 경향이 있습니다.

　부처님께서 이르시길, 수행자들 모두 "적정무위寂靜無爲의 안락安樂을 구하라."고 하였습니다. "적정寂靜"이란 분리되어, 주변에 사람이 없는 것을 의미합니다. 또한 소음이 없고, 움직임이 없는 것을 의미합니다. (더 쉽게) 삼매에 들어가기 위해서는 마음에 아무도 없어야 하고, 움직이면 안 됩니다. 그리고 '무위無爲'도 또한 구해야 합니다. 이는 일반적으로 다른 것들(외부 조건)과 독립적인 것으로 설명합니다. 나는 이것을 단순화시켜서 '무無'와 '위爲'로 설명합니다. 의식적 마음이 작용을 멈춥니다. 그것은 해탈 즉 아라한이나 그 이상의 경계를 뜻합니다.

　그리고 '안락安樂'도 구해야 합니다. '안安'은 명상할 때 가볍고 편안한 상태입니다. '락樂'은 보통 사람들이 추구하는 전형적인 '행복'이 아닌 명상의 즐거움을 의미합니다. 이는 수행자의 경계입니다. 즉 가벼운 편안함을 경험하고, 평화를 느끼며, 선정에서 환희를 즐깁니다. 이런 즐거움은 감각적 쾌락보다 나을 수 있습니다(그것이 우리가 수행하고 싶어 하는 이유입니다).

　마땅히 안팎의 심란心亂과 시끄러움을 떠나 홀로 한가한 곳에 있어야 한다.

수행자는 마음을 고요케 하려고 합니다. 그러므로 동요를 멀리 하고, 방해받지 않는 외딴곳에 가면 삼매에 들어가기 더 쉽습니다. 원리는 세속적인 일에서 벗어나 수행에 전념한다는 것을 의미합니다.

선종에서는 높은 산이나 깊은 계곡과 같은 외딴 지역에서 수행하기를 권합니다. 이런 곳에는 TV도 없고, 전화를 받을 필요도 없으며, 소음도 적습니다.

그게 말은 쉽지만, 하기가 쉽지 않습니다. 도를 이룬 조사스님과 같이 높은 수준의 수행자가 은둔 수행으로 그렇게 할 수 있었던 것은 복이 많았기 때문입니다. 한가한 곳을 찾으려면 많은 복이 필요합니다. 예를 들어 어떤 선 수행자가 수행하려고 산에 올라갔습니다. 수행에 완벽한 암벽 동굴을 찾았지만 안타깝게도 거기엔 이미 호랑이가 살고 있습니다. 그 선승은 동굴에 머물기로 했고, 호랑이에게 자신의 소원을 알렸습니다. 호랑이는 아무런 저항도 하지 않고 조용히 밖으로 나갔습니다. 이걸 이룰 수 있었던 것은 그가 이전에 복이 있었기 때문입니다.

조용한 곳에 머무는 수행자는 자주 제석천帝釋天과 모든 천신의 공경을 받습니다. 이들은 수행자의 도덕으로 존경을 받습니다. 천신들은 자주 이런 수행자의 호법자 역할을 하고, 공경을 표하며, 공양을 올리기 위해서 찾아옵니다.

이러한 이유로 나의 무리와 타인의 무리를 포기하고, 즉 다른 사람들과의 관계를 포기하고, 다른 사람에 대한 의존을 끊어야 합니다. 스스로 살아가는 법을 배우고, 혼자 비고 고요한 곳에 사는 법을 배워야 합니다. 그러면 아무도 방해하지 않을 것이고, 일심으로 선정의 힘을 키우는 노력을 할 수 있습니다. 여러분은 어떤 법의 문을 사용해야 할까요?

괴로움을 멸하는 근본을 관해야 할 것입니다. 그것이 고를 끝내는 방법입니다. 괴로움을 끝내기 위해서 먼저 괴로움을 인식하고, 그게 어디서 왔고, 어떻게 존속하는지 알아야만 합니다. 그것이 고의 '근본(本)'입니다. 그 바닥까지 도달하려면 '관(觀)' 즉 명상해야만 합니다. 일단 괴로움을 보면 그것을 어떻게 끝낼 것인지 관합니다. 충분히 오래 관하면 자연스럽게 선정의 힘을 키울 수 있게 될 것입니다. 선정의 힘을 갖고 여러분의 지혜가 펼쳐지고, 괴로움을 끝내는 방법을 이해할 것입니다. 부처님은 떠나기 전 거듭 말합니다. "지혜를 열고 해탈을 이루기 전까지 반드시 수행해야만 한다."

만일 무리를 좋아하면 많은 괴로움을 겪을 것이다.

어떤 집단에 참여하기 위해서는 그 사람들의 고통과 어려움을 짊어져야만 합니다. 사람들은 극장에 가면, 극장에 자신의 번뇌를 쏟아냅니다. 사람들이 종교 기관에 올 때, 우리가 그 사람들의 짐을 견딜 수 있도록 준비하는 것이 좋을 겁니다. 아마 그것이 가톨릭 사제들이 심리학과 의사소통 훈련을 하는 이유일 것입니다. 반면 불교인은 대중에 다시 들어가기에 앞서 쿵푸(gongfu)를 개발하고, 지혜를 쌓아 올리기 위해서 은둔 수행 들어가는 것을 선호합니다.

마치 큰 나무에 많은 새가 모이면 그 가지가 시들어 부러질 근심

이 있는 것과 같다.

"큰 나무"는 다른 사람을 돕기 위해 기꺼이 자신을 내어주는 수행자를 의미합니다. "많은 새"는 날다가 지쳐서 큰 나무를 은신처로 삼는 많은 중생을 나타냅니다. 아무리 큰 나무도 시들어 쓰러질 위험이 있습니다. 이 비유는 결국 한계에 부딪히고, 궁극적으로 곤란에 처할 수 있다는 사실을 보여줍니다.

세상에 얽매이고 집착을 가진 사람(다시 말해 세상 사람들)은 수많은 고통에 빠져듭니다. 그런 사람을 찾기는 매우 쉽습니다. 미친 듯이 노를 젓고, 깡충깡충 뛰고 있습니다. 나의 학생들은 주로 이런 불평이 있습니다. 어떤 날은 앉아서 명상하기가 아주 수월하지만, 어떤 날은 너무 힘들어서 잠깐이라도 가만히 앉아 있을 수 없다고 말합니다. 그것은 여전히 괴로움에 얽매여 있기 때문입니다. 그래서 오직 선수행에 일심으로 전념할 수 있는 시간대를 정해야 합니다. 그래도 앉는 순간, 마음은 임박한 마감일에 대해 걱정하듯 여전히 일하는 중입니다. 마치 늙은 코끼리가 진흙 수렁에 빠져 스스로 밖으로 빠져나오지 못하는 것과 같습니다. 즉 노쇠한 코끼리와 같습니다. 코끼리가 꽤 영리하고 현명하지만, 나이 때문에 몸이 말을 듣지 않습니다. 불행하게도 진흙 수렁은 코끼리에게 슈퍼맨의 크립토나이트(kryptonite)와 같습니다. 따라서 뭘 하든 죽음의 덫에서 탈출하는 데 효과가 없다는 것만 알게 됩니다. 발버둥을 치면 칠수록 더 깊이 가라앉습니다. 그와 마찬가지로 중생은 (진흙에 비유된) 번뇌에 빠져있습니다. 탈출할 힘도 도구도 없습니다. 벗어날 수 없어서 끊임없이 윤회의 수레바퀴를 돌아야만 합니다.

이것을 '원리遠離'라고 한다.

이것이 원리遠離의 법입니다. 수행에 새로 입문한 스님들은 떠들썩한 곳에 익숙하여서 홀로 은둔하길 꺼립니다. 게다가 스스로를 부양하기 위해 먹고 마실 것을 확보하는 데 걱정이 있습니다. 불교의 경전은 그런 걱정과 두려움은 근거가 없다는 것을 증명합니다. 우리는 외딴곳에서도 여전히 후원해 줄 만한 법의 보호자를 얻을 수 있습니다.

동양인들은 일본식 젠 가든(Zen garden)을 좋아합니다. 이 일본적 컨셉은 일상의 분주함에서 벗어나 균형을 재설정하고 회복할 수 있는 휴식 장소를 제공하기 때문에 상당히 인기가 좋습니다. 만일 한적한 산과 먼 계곡에 갈 수 없다면 자신만의 젠 가든을 만들어 볼 수 있습니다. 예를 들어 불보살님의 이미지(불상이나 탱화)로 불단을 설치합니다. 법의 보호자들이 즉시 불보살님을 보호하러 올 것입니다. 불단 주변은 여러분에게 일상적 수행을 위한 훌륭한 장소가 될 것입니다.

○
정진의 공덕

1.

비구들이여! 부지런히 정진한다면 어려운 일이 없을 것이다. 그러므로 너희들 모두는 항상 정진해야 한다. 비유컨대 작은 물방울도 쉬지 않고 떨어지면 돌을 뚫는 것과 같다. 만약 수행자의 마음이 게을러 정진을 쉬게 되면, 마치 나무를 비벼 불씨를 얻으려 할 때 나무가 뜨거워지기도 전에 멈추는 것과 같다. 비록 불씨를 얻으려고 하더라도 얻기가 어렵다. 이것을 '정진精進'이라 한다.

汝等比丘 若勤精進 則事無難者 是故汝等 當勤精進
여등비구 약근정진 즉사무난자 시고여등 당근정진
譬如小水 長流則能穿石 若行者之心 數數懈廢
비여소수 장류즉능천석 약행자지심 삭삭해폐

譬如鑽火 未熱而息 雖欲得火 火難可得 是名精進

비여찬화 미열이식 수욕득화 화난가득 시명정진.

1.

정진에 두 가지 면이 있습니다. 첫째 피곤함을 느끼고, 휴식하기 위해서 정진하지 않습니다. 또는 단순히 수행에 지쳐서 그렇습니다. 수개월 동안 수행했지만, 아직도 깨닫지 못한 것입니다. 이것이 부정적인 면입니다. 둘째로 직설적으로 '정진精進'의 측면에서 본다면 두 개의 양상이 있습니다. '정精'은 다른 구성 요소와 혼합되지 않아서 순일함을 의미합니다. '진進'은 앞으로 나아가고, 더 가까워진다는 것을 의미합니다.

수행자는 결실을 더 빨리 맺을 수 있도록 정진 바라밀을 완성해야 합니다. 피곤할 때 쉬는 대신 계속해서 수련해야 합니다. 휴식을 취하는 것은 장애로 인해 정복당하는 것과 같은 것입니다. 수행의 과제 중 하나는 목표에 더 가깝게 다가갈 수 있도록 장애를 극복하는 방법을 찾아내는 것입니다. 그래서 수행자들은 정진의 법문法門에 의지해야 합니다.

부처님께서 말씀하셨습니다. "비구들이여,(모든 수행자들이여) 그대들이 부지런히 정진한다면 어떤 어려운 일도 없을 것이다."

다시 한번 말하지만, 정진精進에는 두 가지 측면이 있습니다. 첫째는 변하지 않는 것이고, 둘째는 진보하는 것입니다. 정진이 부족하면 처음엔 열정적이고 열심히 하지만, 나중에 좌절을 겪거나 산만해져서, 전처럼 열심히 하지 않습니다. 예로 나의 학생들은 보통 매일 한 시간씩 명상합니다. 때때로 그렇게 하기에 낮 동안 너무 바쁩니다. 그래서 집에 돌아와서 집안일을 할 때가 되면 너무 지쳤지만, 여전히 한 시간 동안 앉아서 명상해야 합니다. 한 시간도 안 되게 앉으면 그건 정진이 부족한 것입니다. 피곤하든 아니든, 바쁘든 그렇지 않든, 여전히 한 시간 동안 어김없이 앉는 것이 정진입니다.

독실한 가톨릭 신자인 제자가 있습니다. 그녀는 암에 걸려서 장기가 멈출 때까지 1년밖에 남지않았다는 말을 들었습니다. 처음에는 불법에 대한 즐거움으로 우리 법회에 참여하기로 했고, 나중에 자신의 생명을 연장하는 법을 배울 수 있다는 것을 알고는 더 진지하게 받아들였습니다. 1년 안에, 그녀는 제로 단계의 선정(선정이 전혀 없는 상태)에서 비상비비상처정非想非非想處定 즉 팔정八定까지 진전하였습니다. 그것이 어떻게 가능했을까요? 그녀는 수행에 매우 적극적이었습니다. 매일 두 시간씩 명상했습니다. 주말엔 자주 나와 동행해서 불법을 전파하기 위해서 교외로 나갔습니다. 그 여정은 보통 쉬지 않고 20시간 동안 계속되었습니다. 그녀는 60대 후반의 나이임에도 불구하고, 나이와 질병을 이겨냈습니다. 그녀는 일심으로 열심히 정진했습니다. 결과적으로 그녀의 쿵푸(gongfu)는 비약적인 성장을 했습니다. 불교 수행을 시작한 지 1년 후 의사는 암에 차도가 보인다고 했습니다. 그녀는 원래 매일 한 줌씩 알약을 먹어야 했는데, 그중 어떤 약은 생을 마감할 때까지 복용해야만 했습니다. 정밀 검사 후 의사는 이제 아무런 약도 먹을 필요가 없다고 선언했습니다. 그녀는 나에게 유머 있게 이 이야기를 차근차근 들려줬습니다. 의사가 머리를 긁적거리며 난처한 표정을 지으며, 왜 이런 급격한 변화가 있었는지 전혀 알 수 없다고 말했다고 합니다. 이것이 부처님 말씀의 한 예시입니다. "정진하면 어떤 일도 어려울 것이 없다."

베트남 속담에 "쇳덩이를 계속 갈고 닦으면, 언젠가는 바늘이 된다."는 말이 있습니다. 아무리 큰 강철 덩어리라도 계속 갈면 결국 바늘처럼 작아질 것입니다. 나는 종종 학생들에게 실패하는 이유는 그만두기 때문이라고 말해줍니다. 그만두지 않는다면 그것이 바로 정진입니다. 결국, 최종 목적지에 도달하게 될 것입니다.

그러므로 너희들 모두는 항상 정진해야 한다.

이 "항상(勤)"이란 단어가 다소 중요합니다. 이것을 번역하다가 빠지는 경우가 있습니다. "항상 정진(勤精進)"은 두 번 강조하기 위한 것입니다. 부지런히 정진하라(vigorously vigorous)!

다음으로 부처님은 비유를 듭니다. 작은 물방울도 쉬지 않고 떨어지면 돌을 뚫는 것과 같습니다. 물방울처럼 아주 작은 양의 물이라도, 흐르거나 떨어지길 멈추지 않으면 돌을 뚫을 수 있습니다. 그건 모두 알고 있는 일입니다.

반면 수행자의 마음이 때때로 게을러, 지루함이나 인내심의 부족이 이유일 수 있는데, 그래서 종종 정진을 쉬게 되면, 완성되기 전 마음이 포기해버립니다. 이는 세간 사람의 흔한 습관입니다. 시간이 지남에 따라서 허세는 사라지고, 빠르게 흥미를 잃어버려서, 더 쉽게 달성할 수 있는 다른 프로젝트로 관심을 돌립니다!

선을 가르칠 때, 나는 제자들에게 빨리 삼매에 들어가기 위해서 열심히 정진하라고 재촉했습니다. 이 말법 시대에 수행할 복을 가진 사람은 거의 없습니다. 만약 여러분이 법과 인연이 있다면, 선정의 힘을 개발하는 것의 중요성을 이해해야 합니다. 선정은 '선열禪悅'을 불러옵니다. 참으로 매우 멋진 일입니다. 우리가 수행하는 이유는 그게 환상적이기 때문입니다. 힘든 일과 후 TV 앞에서 쉬거나 놀면서 시간을 보내는 대신 명상을 해보십시오. 그건 상당히 가치 있는 일이고, 상상할 수 없을 정도로 유익합니다.

중도에 멈추면 마치 나무를 비벼 불씨를 얻으려다가, 나무가 뜨거워지기도 전에 그만두는 것과 같아서, 불씨를 얻으려고 해도 얻기가 어렵습니다. 옛날 사람은 불을 피우기 위해 막대기를 같이 비볐습니다. 불을 시작하기 위해서 재료를 모으고, 큰 나무때기에 구멍을 뚫고, 작은 막대기 끝을 뾰족하게 만들어서 그 구멍에 넣습니다. 그리고 나서 작은 막대기를 비벼서 열과 불꽃을 만듭니다. 불꽃이 날 때까지 계속 비벼야 하고, 그렇지 않으면 불이 나지 않습니다.

이것을 '정진精進'이라 한다.

이것이 정진의 법입니다. 피곤할 때 쉬지 마십시오. 비록 한동안 수행을 해왔고, 구체적인 결실이나 감응이 없었더라도, 여전히 수행을 계속해야 합니다. 그 열정을 잃지 마십시오. 개인적인 편안함에 빠지지 말고, 이익에 지나치게 집착하지 마십시오. 결과를 요구하지 마십시오. 성공·이익·결과는 멈추지 않는 데 있습니다. 명심하십시오.

옛말에 이런 말이 있습니다.
"수행이란 물살을 거슬러 노를 젓는 것과 같아서, 진보하지 않으면 언제나 퇴보한다(學如逆水行舟, 不進則退)."

"그것은 또한 평원에서 달리는 말과 같아서, 빠르게 가기는 쉽지만, 속도를 늦추기란 매우 어렵다(如平原走馬, 易放難收)."

수행하는 것은 물을 거슬러 올라가기 위해서 배의 노를 젓는 것과 같습니다. 물살을 다루기도 이미 어려운데, 우리는 물살을 거슬러 가고 있습니다. 배는 업장에 비유되며, 물의 흐름은 외부 장애를 나타냅니다. 둘 다 감당하기 어려울 수 있습니다.

만일 진전을 이루지 못한다면, 우리 자신의 무게와 그 흐름의 힘이 우리를 변함없이 뒤로 밀어낼 것입니다. 노력을 멈추면 반드시 퇴보합니다.

수행은 또한 방해받지 않는 평원에서 전속력으로 달리는 말과 같습니다. 그런 환경에서 전속력으로 질주하기는 쉽습니다. 하지만 전속력으로 달리면, 통제력을 유지하거나 말에게 속도를 늦추라고 하는 것이 상당히 어렵습니다.

상류를 향해 거슬러 올라가는 배는 장애에서 오는 어려움을 말합니다. 계속 발전하려면 끊임없는 노력이 필요합니다. 전속력으로 달리는 말은 욕망에 탐닉하는 것과 관련된 어려움을 뜻합니다. 누군가가 통제력을 잃지 않도록 고삐를 당겨 통제할 필요가 있습니다.

어느 경우에든 외부의 장애와 내면의 열정을 극복하기 위해서 항상 정진해야 합니다.

불망념의 공덕

1.

비구들이여! 선지식善知識을 구하거나, 선호조(善護助, 선한 호법자)를 구하는 것은 불망념不忘念만 못하다. 불망념이 있는 자라면 모든 번뇌의 도적이 능히 들어올 수 없다.

이런 까닭으로 너희들 모두는 항상 마음에 있는 생각을 모아야(攝念) 마땅하다. 그 염념을 잊는 자는 모든 공덕을 잃어버릴 것이며, 염력念力이 견고하고 강하면 비록 오욕五欲의 도적 속에 들어가더라도 해침을 받지 않을 것이다. 비유컨대 갑옷으로 무장하고 적진에 나아가서 두려울 것이 없는 것과 같다. 그러므로 '불망념不忘念'이라 부른다.

汝等比丘 求善知識 求善護助 無如不忘念
여등비구 구선지식 구선호조 무여불망념

若有不忘念者 諸煩惱賊 則不能入

약유불망념자 제번뇌적 즉불능입

是故汝等 常當攝念在心

시고여등 상당섭념재심

若失念者 則失諸功德 若念力堅强 雖入五欲賊中 不爲所害

약실념자 즉실제공덕 약념력견강 수입오욕적중 불위소해

譬如著鎧入陳 則無所畏 是名不忘念

비여착개입진 즉무소외 시명불망념

1.

마음 챙김은 "생각을 잃지 않는다(불망념不忘念)."라고도 알려져 있습니다. "잃다(忘)"는 손실을 입는 것 외에 두 가지 다른 의미가 있습니다. 그건 첫째로 "잊지 않는다."와 둘째로 "떨어뜨리지 않는다." 입니다. 그러므로 "생각을 잃지 않는다."는 다음을 의미합니다.

- 현재의 생각을 잊지 않는다.
- 그 생각을 잃지 않는다.
- 그 생각을 떨어뜨리지 않는다.(그것을 단단히 붙잡는다.)

소승 명상 기술은 서양에서 매우 잘 받아들여지고 있습니다. 서양인은 마음 챙김을 장려합니다. 그중 많은 사람이 다양한 수식관을 통해서 마음 챙김을 훈련합니다. '마음 챙김'은 '생각을 잃지 않는 것(不忘念)'과 동일합니다.

그들의 접근 방식에 일관성이 있을까요?

이 다르마는 방어에 강조점을 둡니다. 싸울 때 승리를 바란다면, 자신을 방어할 수 있어야 합니다. 마치 두 파벌이 전쟁을 벌이는 일본 사무라이 시대와 마찬가지로 방어력이 뛰어난 쪽이 승리하는 경향이 있습니다.

무술도 마찬가지입니다. 내가 재가자였을 때, 한국인 사부에게서 무술을 배웠습니다. 그는 국술에서 8단 검은 띠였는데, 국술이란 쿵푸, 합기도, 유도, 태권도가 합쳐진 것입니다. 그는 미국에 이민 오기 전 이란의 전 국왕의 경호원이었습니다. 8단이었기 때문에, 종종 무술 고수들에게서 도전을 받았습니다. 그는 꽤 자주 움직이지 않고, 오랫동안 방어 자세로 서 있으면서, 도전자가 움직이도록 둔다고 합니다. 먼저 한 방 날리려는 사람은 자신을 드러내야 하므로, 무술의 대가는 좀처럼 먼저 동작을 하지 않습니다.

다시 불교로 돌아와서, 마음 챙김은 삿된 생각이 없는 '정념正念'에서 비롯됩니다. 삿됨은 인과의 법칙을 믿지 않는다고 정의합니다. 진리를 이해하지 못하면, 훗날 명상할 때 부적절한 생각이 난무합니다. 명상할 때, (바른) '마음 챙김(正念)'이란 무엇인가요?

명상 중 마음 챙김은 일심一心과 떨어져 있지 말라는 뜻입니다. 어떻게 생각하나요? 우리가 집중하고 있는 바로 그것을 말합니다. 그건 호흡, 부처님의 명호, 보살의 명호, 진언, 공안 등이 될 수 있습니다. 일단 시작하면 다음과 같이 하십시오.

첫째, 그 생각을 멈추지 마십시오. 둘째, 그 생각을 잃지 마십시오. 셋째, 그걸 떨어뜨리지 마십시오. 왜일까요? 왜냐하면 여러분이 그 근본적 중요성을 깨닫기 때문입니다.

삿된 생각이 없다는 것은 죄를 짓지 않는다는 것을 의미합니다. 마음을 모은다는 것은 무한한 공덕을 짓는 일입니다. 여러분이 마음을 모으지 않기 때문에 삿된 생각들이 들어올 수 있습니다.

부처님께서는 말씀하십니다. 선지식을 구하고(求善知識) 있는 모든 비구들, 즉 도를 수행하는 자는 주로 눈 밝은 스승을 찾는 중요성을 이해합니다.

이건 내가 선화 상인에게서 배운 첫 번째 중요한 교훈 중 하나입니다. 대승을 배우고 싶다면, 선하고 유능한 스승(善知識)을 찾아야 합니다.

왜일까요? 세상 사람들과 마찬가지로, 나도 한때 많이 읽어야 한다고 믿었습니다. 나는 책을 연구하는 것이 선지식을 대신할 수 없다는 것을 이해하지 못했습니다. 여기 그 이유가 있습니다.

첫째, 학문적 연구는 주제에 대한 일반적인 정보만 제공합니다. 어떤 사람이 아파서 스스로 치유하는 방법을 연구하기 위해서 의학사전을 펼치는 것과 같습니다. 그건 최선책이 아닙니다. 만약 여러분이 심각하게 아프다면 즉시 유능한 전문가를 찾아 나설 것입니다. 마찬가지로 졸업장을 따고 싶다면, 여러분을 인증해 줄 선지식이 필요합니다.

둘째, 수행의 한 부분은 출세간의 법을 배우는 것입니다. 세속적인 가르침도 선생님으로부터 배우는 것이 나은 데, 출세간의 가르침의 경우는 더욱 그렇습니다. 중국인은 출가 후 스승 밑에서 5년간 공부하는 전통이 있습니다. 그 후 선지식에게 가서 지침을 구하는 것이 좋습니다. 예를 들어, 육조六祖 혜능 대사는 오조五祖 홍인 대사에 관한 이야기를 듣고, 홍인 스님에게 배우려고 먼 거리를 여행했습니다. 혜능 스님은 그렇게 증득했고 그런 후 다른 이들에게 수행하는 방법을 가르쳤습니다.

셋째, 나는 책벌레들을 많이 만났습니다. 그들은 불교 철학에 대해서 꽤 많이 읽었습니다. 그 사람들은 책에서 불교에 대해 배우는 것을 즐깁니다. 어떤 이들은 수십 년 동안 그렇게 해왔습니다. 그래서 불교를 이해한다고 착각합니다. 어떤 사람이 우리가 하는 수업에 와서 나에게 조사 스님들의 가르침에 대해 질문했습니다. 이런 사람들은 전문 용어는 다 알고 있지만, 정말로 무엇을 의미하는지 아무런 실마리도 없습니다. 예를 들어 모두 '견성성불見性成佛'을 위하여 명상한다는 것을 알고 있습니다. 하지만 얼마나 많은 사람이 '보다(見)'의 의미를 이해하고, '성품(性)'이 어떻게 생겼는지 알고 있을까요? 그들은 단어의 의미는 알지만 진정한 의미는 전혀 알지 못합니다. 여기서 진짜 위험한 점은 이런 사람들이 비록 아는 게 좀 있는지 몰라도 사실 꽤 무식하면서 모두 다 알고 있다고 믿는다는 것입니다. 여러분이 그 정도로 자만한다면, 내가 장담합니다. 어떤 선지식도 가르침을 주지 않을 것입니다. 그러면 꽤 오랫동안 무명無明과 함께 갇히게 될 것입니다.

내가 왜 그 얘기를 꺼냈을까요? 그것이 나의 개인적인 경험이었기 때문입니다. 처음 수행을 시작했을 때, 나는 교육도 잘 받았고, 꽤 똑똑하다고 생각했기 때문에 매우 거만했습니다. 어쨌든 우리는 결국 알아서 모든 걸 해결할 수 있다고 믿지 않나요? 안 그런가요? 그 결과, 나는 유능한 선지식을 많이 만났지만, 아무도 날 가르쳐주려 하지 않았습니다. 어둠 속에 있으면서도, 자신의 무명에 꽤 만족스러워

한다는 것은 아주 불쌍한 일입니다. 여러분은 나의 실수를 반복하지 않길 바랍니다.

일반적으로 선지식은 우리가 어디에서 정체하고 있는지 인식할 수 있습니다. 그들이 우리를 돕기로 한다면, 그건 믿을 수 없을 정도로 귀중한 일입니다. 그들은 놀라운 지혜를 가진 특별한 사람들입니다. 그러므로 우리는 스스로 물어봐야 합니다. 그들의 시간을 쓸만한 자격을 갖추기 위해서 뭘 했을까요? 어째서 그들이 우리 때문에 신경을 써야 할까요? 그래서 부처님은 "구한다(求)"는 말을 사용했습니다. 이제 선지식의 개념에 대해서 더 자세히 설명하겠습니다.

지금 당장은 선지식을 만날 때 지침을 "구해야" 한다는 걸 기억하는 것만으로도 충분합니다. 그건 수행에 있어 선호조善護助의 중요성을 이해하고 있음을 보여줍니다. 여러분의 수행을 돕기로 동의한 선지식들은 좋은 것(자애로운 것들)을 많이 줄 것입니다. 그들은 보이지 않게 우리를 보호하고 도울 것입니다(우리의 '호법자' 역할을 합니다).

선지식은 길을 알려줌으로써 우리를 돕습니다. 일단 길을 알게 되면, 우리가 그 길을 걸어야만 합니다. 스승에게 지나치게 의존해선 안 됩니다. 그들의 지침은 우리에게 올바른 방향과 안전한 길을 보여주는 수단입니다. 이제 시작해야 하는 것은 우리 자신입니다. 우리가 더 멀리 갈수록, 더 많은 지침을 이해할 것입니다. 그 여정 중 우리는 스승님의 지침을 염두에 두어야 합니다. 그것이 "생각을 잃지 않는 것(不忘念)"입니다. 항상 지침을 기억하십시오.

이제 "선지식과 선호조善護助를 구하라."와 "불망념不忘念만 못하다."라는 문구는 서로 모순되는 것으로 보입니다. 먼저 선지식을 구하는 것의 중요성을 강조하고, 그다음에 그것이 사실 마음 챙김 만큼 중요하지 않다고 말합니다. 그렇다면 우리는 스승이 필요한가요? 아닌가요?

이에 관해서 설명하겠습니다. 수행하는 데 가장 좋은 방법은 선지식을 찾는 것입니다. 일단 선지식이 여러분을 돕기로 동의하면, 그 지침을 따라야 합니다. 특히 지침을 잊지 마십시오. 여기서 암시하는 바는 다음과 같습니다. 여러분이 선지식이 있을 만큼 복이 많다 하더라도, 선지식에게 지나치게 의존하면 안 됩니다. 더 중요한 것은 선지식의 가르침을 항상 염두에 두는 것입니다. 그 사람 즉 스승의 도움이 아닌 그의 법(가르침)에 의지해야 합니다. 그래야만 부처님도 안심하고 열반에 들어갈 수 있습니다. 그의 제자들이 부처님에게 지나치게 의존하기 시작하기 때문에, 제자들은 그의 개인적인 존재가 아닌 그의 지침에 의지하는 법을 배워야 합니다.

만일 마음 챙김을 게을리하지 않으면, 즉 마음 챙김(불망념)을 오롯이 유지할 수 있다면, 번뇌의 도적들이 여러분에게 들어올 수 없습니다. '번뇌'는 집착에서 비롯됩니다. 집착이란 배우자, 자녀, 집, 자동차 등 내려놓을 수 없는 것들입니다. 우리가 그것들 없이는 살 수 없는 것입니다. 게다가 우리는 이것들을 잃을까 걱정합니다. 그것이 번뇌입니다. 번뇌는 우리를 강탈하기 좋아하기 때문에 보통 "도적"이라고 불립니다. 우리의 가장 소중한 소유물은 우리의 혜명慧命입니다. 이 도둑들은 특히 혜명을 망치는 것을 즐깁니다. 그렇지 않나요? 그렇지 않다면 왜 우리 머리가 하얗게 세나요? 어째서 양기가 부족하고, 체력이 부족한가요? 왜 병에 걸리겠습니까?

여러분이 마음 챙김을 유지할 수 있다면, "번뇌의 도적이 들어올 방도가 없습니다." 여기서 "방도가 없다."는 뜻은 도적이 들어올 수 없다는 것을 뜻합니다. "여러분의 안으로 들어간다."는 것은 여러분을 침략하고, 안으로 들어오는 것을 의미합니다. 여기서 그 개념은 번뇌의 도적이 외부로부터 우리를 침략한다는 것입니다. 그들은 우리가 부유하다는 것을 알고 밤낮으로 지켜보며 강탈할 기회를 노리는 도둑처럼 우리를 관찰하고 있습니다. 만일 그걸 알아차린다면, 대문과 창문을 잠가버리십시오. 그러면 나쁜 요소가 집 안에 들어올 방도가 없습니다. 마찬가지로 마음 챙김을 보존하는 것은 번뇌에 대한 진정한 방어 역할을 합니다.

이런 까닭으로 너희들 모두는 항상 마음에 있는 생각을 모아야 (攝念) 마땅하다.

여기서 "섭攝"은 "모으다, 당기다, 묶다, 지키다, 다스리다, 실수를 범하게 두지 않는다."를 의미합니다. 무엇을 모을까요? 모든 '생각(念)'을 모읍니다. 여기서 "마음에"란 (외면과 반대인) 내면을 묘사합니다. 주인이 집에 없기 때문에 밖으로부터 번뇌가 들어옵니다. 우리의 생각은 집을 지키는 대신 밖으로 뛰쳐나갑니다. 수행의 첫 단계는 내면과 외면을 구별하는 법을 배우는 것입니다. 마음속 생각을 모으라는 것은 외면적인 것을 쫓아 밖으로 달려나가지 말라는 것을 뜻합니다. 그것이 자기방어입니다. 반면에 만일 그 마음 챙김(念)을 잃는다면, 모든 공덕을 잃게 될 것입니다. 그러면 가문의 보물을 잃게 될 것입니다.

염력念力이 견고하고 강하면

여기서 "염력"이란 정신적인 생각의 힘을 뜻합니다. 여러분의 생각이 힘을 가질 수 있나요? 여러분은 남의 분노의 대상이 된 적이 있나요? 그런 사람 가까이 가면 불안하고 숨쉬기가 좀 힘들지 않나요? 그런 것이 분노의 생각이 가진 힘입니다. "견고하고 강하다(堅强)"에서 견고함(堅)이란 안정적이고 움직이기 어려움을 뜻합니다. 강함(强)이란 강력하고 대항하기 어려움을 의미합니다. 다시 말해서 마음 챙김을 충분히 오랫동안 유지한다면, 마음 챙김은 더 단단하고 강해질 것입니다.

그러면 비록 오욕의 도적들 사이에 들어가더라도 그들이 여러분을 해칠 수 없습니다. "사이에 들어가다."란 일부러 그들의 캠프에 들어가는 것을 뜻합니다. 가장 나쁜 종류의 번뇌 중 하나가 '오욕'입니다. 부처님은 쿵푸(gongfu)가 좀 생길 때까지 관여하지 말 것을 권장합니다. 우리가 그 도적들의 세력 사이에 있더라도 그들은 우리를 해칠 방법이 없습니다. 이것은 보살의 법입니다.

그것은 갑옷을 입고 전투에 들어가는 것과 같아서 두려울 것이 없습니다. 보살들은 전투에 들어가기 전 불망념不忘念의 갑옷을 입어서, 정말로 두려울 것이 하나도 없습니다.

이것을 불망념不忘念이라 부릅니다. 이것이 불망념不忘念의 법문법門입니다. 다음은 공자가 정념正念을 정의한 내용입니다.

"예를 따르기 위하여 자신을 이긴다(克己復禮)."

즉 우리는 자제력을 발휘하고, 올바른 예를 되찾고, 사회의 규칙과 규정에 따라야 한다는 것입니다. 예를 들면 이런 것입니다.

1. 바르지 않으면 보지도 말라(非禮勿視). 그 뜻은 만일 규칙과 순응하는 것이 아니라면, 보지 말라는 것입니다. 바르지 못한 것은 보지도 않습니다.

2. 바르지 않으면 듣지 말라(非禮勿聽). 규칙에 맞지 않으면 듣지 말라는 뜻입니다. 부적절한 말은 듣지도 않습니다.

3. 바르지 않으면 말하지 말라(非禮勿言). 규칙에 맞지 않으면 말하지 말라는 뜻입니다. 부적절한 말을 하지 마십시오.

4. 바르지 않으면 움직이지 말라(非禮勿動). 이 경우 "움직이다."는 마음이 움직이는 것을 뜻합니다. 만일 어떤 것이 규칙에 맞지 않는다면, 그것에 대해서 생각하지도 않습니다. 부적절한 생각은 하지 마십시오.

이런 것들은 다음과 같은 의미로 생각할 수 있습니다.

"육근六根을 모두 지키십시오. 바르지 못한 '진塵'을 쫓기 위해 육근을 사용하지 마십시오."

간단히 말해서, 불망념不忘念은 지계의 상相입니다. 지계는 불망념不忘念의 기반입니다. 계율은 자기방어이며 우리의 갑옷입니다.

○
선정의 공덕

비구들이여! 마음을 모으면 마음이 곧 정定에 있다. 마음이 정定에 있는 까닭에 세간의 생멸하는 법상法相을 알 수 있다. 그러므로 너희들 모두는 항상 부지런히 선정을 닦아 익혀야 한다. 만약 선정을 이루면 마음이 흩어지지 않는다. 비유하자면 물을 아끼는 집에서 둑이나 못을 잘 관리하는 것과 같다. 선정을 수행하는 자도 그러하다. 지혜의 물을 위해 선정을 잘 닦고, 그 물이 새어 나가지 않도록 해야 한다. 이것을 정定이라고 한다.

汝等比丘 若攝心者 心則在定 心在定故 能知世間生滅法相
여등비구 약섭심자 심즉재정 심재정고 능지세간생멸법상
是故汝等 常當精勤修習諸定 若得定者 心則不散
시고여등 상당정근수습제정 약득정자 심즉불산
譬如惜水之家 善治堤塘 行者亦爾
비여석수지가 선치제당 행자역이

爲智慧水故 善修禪定令不漏失 是名爲定
위지혜수고 선수선정영불누실 시명위정

1.

사마디(samādhi, 定)는 마음의 집중력을 가리키는 말로 디야나(dhyāna, 禪)라고도 불립니다. 이건 말은 쉬워도 행하기는 어렵습니다. 우리가 어떤 것에 생각을 집중하고 싶은 순간, 망상은 언제나 통제할 방법 없이 우왕좌왕 일어납니다. 그러므로 집중력을 키우기 위한 훈련을 받아야 합니다.

사마디는 '사유수思惟修'의 산스크리트어입니다. 그건 생각과 씨름해서 생각을 통제한다는 뜻입니다. 또 다른 뜻으로 '정려靜慮'입니다. 우리의 생각과 마음을 고요하게 하는 것입니다.

우리가 사는 욕계는 선정의 힘이 전혀 없는 것으로 여깁니다. 선禪에는 네 단계가 있습니다. 초선初禪, 이선二禪, 삼선三禪, 사선四禪입니다. 그 천상들이 색계를 구성합니다.

선禪보다 집중의 단계가 더 높은 것을 '정定'이라고 합니다. 정은 오정五定, 육정六定, 칠정七定, 팔정八定으로 구성되어 있습니다. 그에 해당하는 천상들을 무색계라고 합니다.

이들을 합해서, 이 집중의 단계를 여덟 개의 선정 즉 사선팔정四禪八定이라고 부릅니다. 이들은 삼계(욕계, 색계, 무색계)를 형성합니다. 이 단계들은 여전히 윤회의 대상입니다. 불교식 명상 수행에서는 구정九定에 도달하는 것을 목표로 합니다. 그것이 바로 생사로부터 자유로운 아라한입니다.

삼매(사마디)에 들어가는 것은 어떤가요? 선에 대한 서적들이 명상에 대한 많은 설명을 해주지만, 모든 걸 설명할 수는 없습니다. 왜일까요? 무한한 경계들이 존재하기 때문에 말로는 그 모든 걸 설명할 수 없습니다. 일반적으로 삼매에 있을 때 마음은 백지가 됩니다. 어떤 사람은 다리가 사라지는 것을 본다고 말합니다. 정말로 기분이 환상적입니다. 그런 기분은 말로 표현할 수 없습니다. 예를 들어 치즈 케이크를 먹어봐야만 그 맛을 알 수 있는 것입니다. 말로는 그걸 표현할 수 없습니다.

선정의 힘의 중요성은 아무리 강조해도 지나치지 않습니다. 마음을 집중하면 무명의 안개를 뚫고 나갈 수 있습니다. 그러므로 사마디는 지혜로 이어집니다. 반대로 지혜는 선정의 힘 없이는 발현될 수 없습니다. 여러 종류의 사마디는 각각의 특징이 있습니다. 예를 들어 초선은 이선과 다릅니다. 이선은 또 삼선과 매우 다릅니다. 선정의 단계가 높을수록, 더 명확히 볼 수 있고, 더 많이 이해할 수 있습니다. 예를 들어 1층에 있는 사람은 더 고층에 있는 사람만큼 멀리 볼 수 없습니다. 더 높게 상승할수록 시야도 덜 막힙니다. 우리 자신이 직접 수행해야 하므로 그걸 대체할 수 있는 것은 없습니다. 불보살님들이 우리를 대신해 수행해 줄 수는 없습니다.

여러분이 수행하면서 자신이 어디에 있는지 안다면 매우 유용할 것입니다. 좋은 스승은 여러분이 어디에 있는지 알고, 진전할 수 있도록 적절한 지침을 줄 수 있습니다. 사실 여러분이 초등학교에 다니면 아직 미적분을 이해할 수 없을 텐데, 그런 이야기를 꺼낸다면 그건 말도 안 되는 것입니다.

부처님께서 이르셨습니다. "비구들이여! 선정의 힘을 개발하길 원한다면, 가장 먼저 마음을 모으는 방법을 배워야 합니다." 경문의

"섭攝"을 영어로 "collect"라고 번역했는데, 이는 "모으다, 수집하다, 잡아매다, 밖으로 내보내지 않는다." 등을 뜻합니다. 이를 "회광回光" 즉 "빛을 내면으로 되돌린다."라고 말합니다. 밖(육진)을 보지 말고 자신을 성찰하십시오.

내관적內觀的이 되는 것은 우리의 모든 천성적 본능과는 반대입니다. 처음에 우리는 밖을 보는데 너무 익숙해서 그렇게 하는 게 매우 어렵습니다. 귀가 소리를 들으면 즉시 그걸 찾아서 밖으로 나갑니다. 코가 향기를 맡고 그쪽으로 바로 고개를 돌립니다. 그러므로 우리는 이런 습관을 모두 없애기 위해서 수행 훈련을 받아야 합니다. 유능한 스승의 지도 아래서 수행하는 것이 가장 좋습니다. 특히 명상한다면 반드시 선지식을 찾아야 합니다. 만일 선지식을 찾는다면 훨씬 더 빨리 진전할 것이며, 그로 인해서 수행이 더 흥미롭고 보람있게 될 것입니다.

마음을 모을 수 있다면, 금세 좋은 소식이 있을 것입니다. 흥미로운 경계들을 경험할 것입니다. 마침내 선정에 들어갈 것입니다. 마음이 곧 정(定)에 있을 것입니다. 거꾸로 말하자면, 마음이 정에 있을 때, 마음이 모이고, 집중될 것입니다.

마음이 정定에 있는 까닭에 세간의 생멸하는 법상法相을 알 수 있다.

여기에는 설명해야 할 용어들이 많이 있습니다.

여기서 "알 수 있다."란 이해하거나 알게 되는 것입니다. 아는 것에는 '보다(seeing)'라는 요소가 있습니다. 그것은 (보통 사람들보다) 더 많이 볼 수 있는 신통이 있기 때문입니다. 예로 천안天眼이 열리면 천상의 눈부신 여신을 분명하게 볼 수 있습니다.

또한 안다는 것에는 '꿰뚫는(通)' 측면도 있습니다. 이것은 수학처럼 연역적 추론에 기초한 세속적 지식이 아닙니다. 여기서 안다는 것은 의식적인 추론에서 오지 않습니다. 이것은 우리가 본능적으로 누군가 우리를 싫어한다는 것을 알아차리는 것처럼 자연스러운 일입니다. 생각하는 마음에서 오는 것이 아니라 '꿰뚫거나', '알게 되는' 것입니다.

'세상'은 네 단계를 거칩니다. 첫 단계는 형성(成), 두 번째는 머묾(住), 셋째는 쇠락(壞), 넷째는 공空의 단계입니다.

한 번의 증가(增)와 한 번의 감퇴(減)는 일 겁(劫)을 이룹니다. 이 증가하는 단계 동안, 인간의 수명은 10년부터 시작하여 100년마다 1년씩 늘어나 최대 8만 년까지 늘어납니다. 신체의 키는 한 자씩 커져서 100년마다 1인치씩 커집니다. 그런 후 감퇴의 단계가 시작됩니다. 수명과 키가 100년마다 각 1년과 1인치씩 줄어들어 최하로 돌아갑니다. 그래서 이런 한 번의 증감이 약 1만 6천 년입니다.

1천 개의 겁을 '소겁小劫'이라고 합니다. 20개의 소겁은 '중겁中劫'이 되고, 4개의 중겁은 '대겁大劫'이 됩니다.

각 세계는 각각의 단계를 거치는데, 성겁成劫의 한 중겁, 주겁住劫의 한 중겁, 괴겁壞劫의 한 중겁과 공겁空劫의 한 중겁을 거칩니다.

각 세상은 공空부터 성成, 주住, 괴壞 등으로 서서히 변화합니다. 이것이 "생멸生滅"입니다. 또한 "법상法相"에서 "법"이란 이 우주의 모든 것을 가리키며, "상"은 관찰 또는 인지될 수 있는 것을 가리킵니다. "법상"이란 세상의 모든 것의 발현을 뜻합니다. 달리 말해서 모든 법이 생멸의 주기를 거쳐 가는 것을 관찰할 수 있습니다.

간단히 말해서 정定에 있기 때문에 세상의 무상無常을 인식할 수 있습니다. 이것이 지혜의 시작입니다. 이 세상이 일시적임을 깨닫기 때문에 덜 집착합니다.

그러므로 너희들 모두는 항상 부지런히 선정을 닦아 익혀야 한다.

이것이 항상 온갖 종류의 사마디를 끊임없이 수행해야 하는 이유입니다. 소승의 수행자는 구정九定에서 멈춥니다. 대승의 보살은 셀 수 없이 많은 선정을 수행합니다.

만약 선정을 이루면, 즉 삼매에 들어가면, 마음이 흩어지지 않고, 즉 마음 챙김을 잃지 않을 것(不忘念)입니다.

그다음 부처님은 논점을 강조하기 위해서 비유를 들었습니다. 이는 마치 물을 아껴 쓰는 집처럼, 사람들이 물을 낭비하지 않습니다. 물은 생명의 기반입니다. 선진국에서는 물이 풍부해서 대체로 당연하다고 여깁니다. 나머지 인류는 매일 필요한 깨끗한 물이 부족합니다. 예를 들어, 개발도상국을 여행할 때 안전한 위생을 위해서 끓인 물이나 샘물을 사용하는 것이 좋습니다. 부족한 수자원을 보존하기 위해서 사람들은 둑이나 못을 잘 관리할 수 있습니다. 여기서 암시하는 것은 부족한 자원을 '기술적으로' 관리할 수 있는 능력입니다.

선정을 수행하는 사람도 그러하다.

달리 말해서 수행자도 그와 비슷합니다. 지혜의 물을 잘 보존하기 위해 선정을 잘 닦고, 그 물이 새어 나가지 않도록 해야 합니다. 물은 우리의 지혜를 비유하고, 그건 우리의 혜명慧命에 중대합니다. 그것을 진실로 헤아리는 자는 "새어 나가도록" 두지 않습니다. 즉 선정이 지혜를 보존합니다.

이것을 정(定)이라고 한다.

그러므로 여러분 모두는 앞서 말한 지침에 따라서 선정을 수행해야 합니다. 그것이 지혜를 펼치는 데 도움이 될 것입니다.

지혜의 공덕

1.

비구들이여! 지혜가 있으면 탐욕과 집착이 없어지는 것이다. 항상 스스로 성찰하여 실수가 없도록 해야 한다. 이것이 바로 나의 법法 중에서 능히 해탈을 얻게 하는 것이다. 만약 그러지 못하는 사람은 이미 수행자도 아니며, 재가자도 아니므로 무엇이라 이름할 수 없는 것이다.
진실한 지혜를 가진 자는 곧 노병사老病死의 바다를 건너는 견고한 배이다. 무명의 어두움을 밝히는 크나큰 등불과 같고, 모든 병든 자의 좋은 약과 같고, 번뇌의 나무를 베는 예리한 도끼와 같다. 그러므로 너희들은 지혜를 듣고(聞), 관하고(思), 닦아서(修) 자신을 점점 더 이롭게 해야 한다. 어떤 사람이 비록 육안만 있고 밝게 비추는 지혜가 있다면, 명확하게 볼 수 있는 것이다. 이것을 '지혜'라고 한다.

汝等比丘 若有智慧 則無貪著 常自省察 不令有失

여등비구 약유지혜 즉무탐착 상자성찰 불령유실

是則於我法中 能得解脫

시즉어아법중 능득해탈

若不爾者 旣非道人 又非白衣 無所名也

약불이자 기비도인 우비백의 무소명야

實智慧者 則是度老病死海堅牢船也 亦是無明黑暗大明燈也

실지혜자 즉시도노병사해견뢰선야 역시무명흑암대명등야

一切病者之良藥也 伐煩惱樹之利斧也

일제병자지양약야 벌번뇌수지이부야

是故汝等 當以聞思修慧而自增益

시고여등 당이문사수혜이자증익

若人有智慧之照 雖是肉眼 而是明見人也 是名智慧

약인유지혜지조 수시육안 이시명견인야 시명지혜

1.

　(출세간의) 지혜란 무엇인가요? 지혜는 우리가 진리와 연결되도록 해줍니다. 진리란 무엇인가요? 얼마나 많은 진리가 있나요? 진리는 진정한 이치입니다. 진리는 둘이나 셋이 아니라 하나뿐입니다. 대승은 우리의 지혜를 펼칠 수 있는 수단과 도구를 제공합니다. 먼저 진리에 대해서 듣기 위해서 법에 귀를 기울여야 합니다(聞, 지혜를 듣는다). 그러고 나서 그것을 이해할 때까지 들은 것을 관해야 합니다(思, 지혜를 관한다). 궁극적인 지혜를 증득할 때까지 계속해서 수행합니다(修, 지혜를 수행한다).

　소승의 아라한은 열반이 모든 괴로움의 소멸을 가져오기 때문에 열반의 안락을 탐합니다. 아라한의 관조 지혜는 더이상 이 세상 그리고 세상이 줄 수 있는 어떤 즐거움에도 집착하지 않을 수 있게 해줍니다. 그러나 만약 그들이 열반*에 들어가면, 의지할 곳 없이 갇히게 될 것입니다.

　지혜가 있는 사람은 탐심이 없고, 집착하지 않습니다. 선화 상인은 지혜로운 자는 "회광반조廻光返照, 즉 빛을 되돌려 자신을 비춘다."고 했습니다. 즉 지혜로운 자는 끊임없이 자신을 점검합니다. 서양 문화는 관찰력과 분석력을 중요시합니다. 외부 세계를 이해하고 효과적으로 다룰 수 있게 해주기 때문입니다. 불교에서 우리는 이런 서양의 정신력은 (출세간의) '지혜'가 아니라고 느낍니다. 그건 단지

---

*　여기서 열반이란 유여열반有餘涅槃을 의미하고, 아직 부처님의 열반이 아닙니다.

'경험', '상식', '지식' 또는 '재치'일 뿐입니다. 만일 끊임없이 밖을 본다면 신기루, 그림자, 가식에 쉽게 현혹될 수 있습니다. 사람들은 대부분 모든 것이 외부 요인(조건)의 결합에서 비롯된다는 것을 깨닫지 못합니다.

중국 속담에 "모든 것이 헛되다(一切都是浮雲)."라는 말이 있습니다. 그러므로 외부를 보는 대신 처음부터 어디서부터 잘못되기 시작했고 어디가 잘못되었는지를 알기 위해 내면을 보는 것이 낫습니다. 그것이 지혜입니다.

내면을 비추기 위해서 "빛을 되돌리는 것"은 자신의 결점을 발견할 수 있게 하여, 다시는 잘못된 길을 걷지 않도록 해줍니다. 자신을 바로잡을 수 있다는 것은 스스로 번뇌를 끊는 일입니다. 이를 "관조觀照 지혜"라고 부릅니다. 그런 다음에 다른 사람들의 번뇌를 끝내도록 돕기 위한 다르마를 배울 수 있습니다. 관조 지혜는 수행의 지혜 또는 반야 지혜로 이어집니다. 그건 자신만의 불성을 볼 수 있게 된다는 뜻입니다.

대승을 배우는 가장 좋은 방법은 선지식을 찾는 것입니다. 이 현명한 사람은 여러분에게 선정의 힘을 얻도록 가르쳐 줄 수 있습니다. 다른 모든 세속적인 법과 마찬가지로 대승을 독학으로 배울 수 있다고 착각하지 마십시오. 여러분에게 복이 있었다면 부처님과 만났을 것이고, 수행하기 가장 적합한 다르마가 전해졌을 것입니다. 불행히 부처님은 이미 열반에 들어갔습니다. 따라서 다음으로 가장 좋은 방법은 선지식을 찾는 것입니다. 중국인들은 이점을 분명히 이해합니다. 그것이 문화의 깊이를 보여줍니다. 선지식을 찾으면 많은 시간과 괴로움을 절약할 수 있으므로 아주 지혜로운 일입니다. 이 현명한 스승들은 이미 길을 알고 있기에 스스로 빛을 볼 수 있을 때까지 우리를 인도합니다. 그래서 그들을 "눈 밝은 스승님"이라고 부릅니다. 그들은 깊은 어둠 속에서도 매우 선명하게 볼 수 있습니다.

부처님들은 모든 것을 알고 모든 것을 봅니다. 대조적으로, 선지식은 모두 각자만의 한계가 있습니다. 그들이 볼 수 있는 것에 한계가 있습니다. 그들은 오직 우리를 어느 정도까지만 이끌어줄 수 있습니다. 하지만 걱정할 필요는 없습니다. 선하고 현명한 스승들은 자신의 한계를 알고 있습니다. 때가 되면 우리를 다음 스승에게 보내는 데 주저하지 않을 것입니다. 그래서 애초에 그들을 선지식이라고 부르는 것입니다. 선지식은 우리의 제일 큰 관심사를 마음에 둡니다.

수행이란 공空을 볼 수 있도록 선정의 힘을 키우는 것입니다. 공의 진리를 볼 수 있도록 말입니다. 그것이 해탈입니다. 그것이 우리를 옭아매고, 꼼짝 못 하게 하는 것으로부터 해방해 줍니다. 모든 집착에서 자유로운 것이 바로 지혜를 갖는 일입니다. 부처님께서 말씀하셨습니다.

비구들이여! 지혜가 있으면 탐욕과 집착이 없어지는 것이다.

현명한 사람은 더는 혼란스럽지 않습니다. 그들은 더이상 외적인 것을 탐하지 않고, 터무니없는 것에 집착하지 않습니다. 그들은 사물의 진성眞性을 볼 수 있고, 따라서 집착을 내려놓을 수 있습니다.

우리는 아직 외적인 것을 비어있다고 볼 수 없으므로, 여전히 외적인 것에 집착이 있습니다. 공空이란 무엇인가요? 불교 서적에는 조건(緣)들로 의해 본질적으로 만들어지는 것으로 설명하는데, 그 예로 우리 몸은 사대四大 원소의 일시적 결합에 의해서 '헛되게' 만들어졌으므로 본질적으로 공합니다. '헛되이' 만들어졌기 때문에 본질적으로 비어있는 것입니다.

사대 원소 중 첫째는 흙 원소(地)로 우리의 뼈, 살, 피부 등을 구성합니다. 둘째는 물 원소(水)로 혈액, 골수, 눈물 등입니다. 셋째는 우리의 체온인 불 원소(火)입니다. 넷째는 바람 원소(風) 즉 우리의 호흡입니다. 그 연緣이 끝나면(우리의 생명이 끝나게 됩니다.) 우리의 육신은 분해되고, 원소로(자연으로) 되돌아갑니다. 이것을 무상無常이라고 부릅니다. 그것이 바로 우리의 몸이 본질적으로 공한 이유입니다. 공에서 오고, 결국 공으로 되돌아갈 것입니다.

만약 이것을 이해한다면, 여러분은 약간의 지혜가 있다고 할 수 있습니다. 그러면 육신을 충족시키는데 지나치게 몰두하지 않고, 집착을 더 적게 하게 됩니다. 이제 더 이상 맛있는 식사, 사치스러운 집이나 호화로운 자동차가 필요하지 않습니다.

게다가 지혜를 가진 사람은 항상 스스로 성찰합니다. 다른 사람의 허물을 보는 대신 자신의 내면을 봅니다. 지혜로운 사람은 자신에게 잘못이 있도록 두지 않습니다. 자신의 과실을 없애버립니다. 결점이 있다는 것은 실수한다는 것입니다. 현명한 사람은 개인의 결점을 없애려고 열심히 노력하기 때문에 실수하지 않는 것입니다. 여기서 암시하는 것은 자신의 잘못을 잡아내는 능력입니다. 첫째는 옳고 그름을 구별하고, 둘째는 오직 옳은 것만 행하고, 잘못된 것은 제거합니다. 스스로 실수하게 두지 않는 것입니다. 달리 말해 지혜가 있다는 것은 끊임없이 자각하는 것이고, 계속 자기 성찰을 하는 것입니다.

빛을 돌이켜 자신을 비출 때, 스스로 물어보십시오. 나는 좋은 사람인가, 나쁜 사람인가? 맹자가 말하길, "인간이 된다는 것은 충성스럽고 믿음직하며, 배운 것을 실행에 옮기는 것"이라고 했습니다. 직장 상사, 친척, 친구, 후원자 등에게 충실해야 합니다. 더구나 다른 사람을 대할 때, 우리는 신뢰할만한 사람이 되어야 합니다. 그리고 스승님의 가르침을 실천함으로써 그들의 은혜에 보답해야 합니다.

이것이 바로 나의 법法 중에서 능히 해탈을 얻게 하는 것이다.

늘 자신을 점검하고, 끊임없이 자신에게 결점이 있게 두지 않는다면, 분명히 해탈을 얻을 것입니다. 즉 생사를 끝내고 번뇌를 잘라내고, 안락을 얻을 것입니다. 부처님은 사성제(아라한법), 12연기(연각법), 십바라밀(보살법) 등 많은 다르마를 가르쳤습니다.

만일 이와 같지 않다면, 즉 자기 성찰을 하지 않고, 결점을 감추기를 고집한다면, 도인道人도 아니고, 재가자도 아니며, 불교 수행자도 아닙니다. 사실 뭐라 이름할 수 없습니다. 부처님이 모욕적이지 않은 동시에 얼마나 모욕적일 수 있는지 보십시오. 부처님은 그런 개인을 "어떤 인격체도 아니다."라고 말합니다. 인간이 아닙니다. 그들은 인간이 되는 법을 모릅니다. 반드시 낮은 법계로 떨어질 것입니다.

진실한 지혜를 가진 자는 곧 노병사老病死의 바다를 건너는 견고

한 배이다.

　　이런 지혜로운 사람은 튼튼하고 믿음직한 배와 같은 역할을 할 수 있습니다. 이는 이미 해탈해서 다른 이를 위한 구조선 역할을 하려고 돌아오기로 한 보살을 말합니다. 이들은 생로병사의 고통, 즉 고통의 바다를 건너도록 중생을 도와줄 수 있습니다. 중생을 열반의 피안으로 안전하게 데려옵니다. 여러분이 다른 사람을 돕고 싶다면 그들의 짐을 짊어질 수 있어야 합니다. 즉 그들의 고통을 짊어져야 합니다.

　　보살은 안락을 누릴 수 있는 열반에 들어가지 않기로 선택합니다. 그 대신 세상으로 돌아와 중생이 "생사의 바다를 건너도록" 돕기 위해서 자비의 배(慈航) 역할을 하기로 했습니다. 노환과 죽음은 중생들 모두의 괴로움을 의미합니다. 중생은 이미 출생의 괴로움에 대해 잊었습니다. 하지만 여전히 노화(몸이 점점 노쇠합니다.), 질병(몸이 더는 정상적으로 기능하지 못합니다.)의 괴로움, 그리고 마지막으로 우리 모두에게 가장 무시무시한 죽음의 괴로움과 직면해야만 합니다.

　　또한, 진실로 지혜로운 사람은 무명의 어둠 속에 있는 밝고 큰 등불과 같습니다. '무명無明'은 우리가 잘 몰라서, 그 무명 때문에 실수한다는 것을 뜻합니다. 그래서 우리는 곤란에 빠지는 것을 피하려고 실수를 감춥니다. 질문을 받으면, 거짓말을 합니다. 계속해서 죄를 축적하고, 마음의 명료함을 점점 더 잃게 됩니다. '어둠' 속에 있는 것과 다를 바 없습니다. 그러므로 지혜는 마음의 어두운 구석을 밝히고, 우리의 무명을 쫓아낼 수 있는 밝은 등불과 같은 역할을 할 수 있습니다.

지혜는 또한 모든 질병에 좋은 약과 같습니다. "좋다"는 것은 치유력, "약"은 온갖 질병을 치료할 수 있음을 뜻합니다. 질병은 과거의 죄에 대한 업보입니다. 오직 지혜만이 그 상황을 해결할 해독제를 제공할 수 있습니다.

지혜는 번뇌의 나무를 베는 날카로운 도끼와 같습니다. "번뇌"는 우리에게 불편함, 짜증 그리고 불안을 일으킵니다. "나무"는 번뇌의 성장과 증식을 상징합니다. 베트남에 이런 말이 있습니다. "생선에 화나서, 도마를 내려친다." 생선에 화가 나면, 도마에 대해서 번뇌로울 수밖에 없습니다.

나의 제자에게 세 살짜리 아들이 있습니다. 그는 이미 이선二禪에 도달했습니다! 그의 아이는 아주 예민한 편입니다. 아빠가 퇴근해서 집에 와서 화를 내면 아이는 아빠를 전염병 대하듯 피합니다. 이제 알았나요? 여러분에게 번뇌가 있으면, 그 번뇌를 가져와서 주변 사람들에게 연속적인 화학반응처럼 전염시킵니다. 지혜가 있으면, 지혜의 '날카로운 도끼'를 휘두르며, 모든 번뇌의 나무를 베어버리고, 절단할 수 있습니다.

그러므로 너희들은 지혜를 듣고(聞), 관하고(思), 닦아서(修) 자신을 점점 더 이롭게 해야 한다.

불교는 괴로움을 끝내기 위해서 지혜를 펼치라고 재촉합니다. 지혜는 어떻게 얻나요? 그건 '문혜(聞慧, 듣는 지혜)'를 얻는 것으로 시작합니다. 법을 듣고, 책을 읽습니다. 이치에 노출되면, 그때 '사혜(思慧,

사유하는 지혜)'를 수행합니다. 그 이치를 관觀한다는 뜻입니다. 관법觀法을 행해야 합니다. 그저 이치에 대해서 (학자들이 하듯이) 생각하거나 숙고하는 것으로는 안 됩니다. 염불하거나, 선禪 등을 해야 합니다. 마지막으로 '수혜(修慧, 닦는 지혜)'를 얻기 위해서는 반드시 반야 지혜를 열어야만 합니다. 이런 세 가지 지혜를 얻는 것은 자신을 이롭게 하는 일입니다. 더 많은 지혜를 얻을수록 더 많은 이득을 얻게 됩니다.

비록 육안만 있고, 아직 뚜렷한 신통이 없더라도, 밝게 비추는 지혜가 있다면, 달리 말해서 자신을 비추기 위해서 지혜를 사용한다면, 명확한 이해가 있는 것입니다. 그런 사람을 눈 밝은 선지식이라 부를 수 있습니다. 밝은 눈은 사물을 명확히 꿰뚫어 보고, 모든 것을 명확히 식별할 수 있으며, 무명의 어두운 베일을 통과해 꿰뚫을 수 있는 능력에 비유됩니다. 이런 사람들이 뛰어난 선지식입니다.

이것을 지혜라고 합니다. 그것이 불교의 지혜입니다.

궁극의 공덕, 불희론

1.

비구들이여! 자주 희론戱論을 일삼는다면, 마음은 산란해진다. 비록 출가했더라도 오히려 해탈을 얻지 못할 것이다. 그런 이유로 비구들 너희는 재빨리 어지러운 마음과 희론을 버리고 멀리해야 한다. 만일 너희들이 적멸의 즐거움을 얻고자 한다면, 오직 희론으로부터 오는 환난을 잘 멸해야 한다. 이것을 '불희론不戱論'이라고 부른다.

汝等比丘 種種戱論 其心則亂 復出家 猶未得脫
여등비구 종종희론 기심즉란 부출가 유미득탈
是故比丘 當急捨離亂心戱論
시고비구 당급사이난심희론
若汝欲得寂滅樂者 唯當善滅戱論之患 是名不戱論
역여욕득적멸락자 유당선멸희론지환 시명불희론

1.

"궁극"이란 것은 수행할 수 있는 가장 마지막 종류의 공덕을 의미하거나, 이 장에서 가장 최종적인 출세간법이라고 설명할 수 있습니다. 그건 바로 희론하지 않는 것 즉 불희론不戱論입니다.

희론이란 다른 사람의 옳고 그름, 즉 무의미한 것에 관한 대화입니다. 그것은 진리에 어긋나며, 선법善法을 늘리고 가까워지게 하는 것을 방해합니다. 이는 좀 더 일반적으로는 잡담이라고 하는데, 완전한 시간 낭비입니다. 희론은 고자질, 잡담, 사소한 일에 관한 대화, 소문 퍼뜨리기, 농담, 세속적인 일에 대한 논의 등이 포함됩니다.

불교 논장에 따르면 희론은 무의미한 생각과 분별을 일으킬 수 있습니다. 그러므로, 희론에 관여하면 최소한의 선법禪法도 증진할 수 없으며, 어떤 악법惡法도 줄일 수 없습니다.

『중론中論』에서 희론을 애론愛論과 견론見論으로 분류합니다. 애론은 애착을 일으키는 모든 법에 해당합니다. 견론은 판단과 이해를 만드는 모든 법에 해당합니다(見論爲於一切法作決定解). 하근기 사람은 애론, 상근기 사람은 견론에 연루하는 경향이 있습니다. 재가자는 애론을 시작하고, 출가자는 견론을 시작합니다. 천마는 애론, 외도는 견론을 시작합니다. 보통 사람은 이승二乘에 관해서 견론하는 경향이 있습니다.

희론에는 세 종류가 있습니다. 첫째로 (탐욕 때문에 생기는) 탐심과 애착입니다. 두 번째는 (오만에서 비롯되는) 자만심 그리고 마지막으로 (다양한 편견에서 비롯되는) 견해입니다.

또한 희론은 다음 두 종류로도 나뉩니다. 첫째는 진리에서 일어나는 희론입니다(아무것도 할 필요가 없는 곳에서 일을 만듦). 그리고 둘째는 세속적인 일에서 생기는 희론입니다.

부처님은 즉시 요점으로 들어갑니다. 비구 여러분(수행자 여러분), 온갖 무익한 희론을 일삼는다면, 마음이 흩어질 것입니다. 희론에 연루하면 분명한 결과가 따릅니다. 즉 "마음은 산란해지며, 마음이 회전합니다." 그건 완전히 시간과 에너지 낭비입니다.

비록 출가했더라도 오히려 해탈을 얻지 못할 것이다.

비록 "출가했더라도", 여전히 그런 세속적인 습관을 버리지 못한 겁니다. 만일 그렇게 계속한다면, "해탈을 얻지 못할 것입니다". 즉 괴로움을 끝낼 수 없을 것입니다.

그러므로 재빨리 어지러운 마음과 희론을 버리고, 멀리해야 합니다. 부처님이 권하는 행동은 두 가지입니다. 첫째는 희론을 중단하고, 마음이 산란해지도록 두지 않습니다(포기하다). 둘째는 희론에 연루하는 사람과 마음이 산란한 사람들로부터 스스로 거리를 둡니다(거리를 두다).

만일 너희들이 적멸의 즐거움을 얻고자 한다면

멸도의 즐거움을 얻길 원한다면, 그저 희론으로부터 오는 환난患難을 능숙하게 제거하기만 하면 됩니다. 여기서 "적寂"이란 고요하고 움직임이 없는 것이고, "멸滅"은 모든 것이 사라져서, 화면에 완전히 아무것도 없는 것입니다. "환患"이란 여러분이 생각하는 것보다 더 위험하다는 것을 의미합니다.

희론은 나쁜 것을 불러옵니다. 그런 이유로 내면에서 희론을 '능숙히 제거'하고, 그런 행위에 연루하는 사람들로부터, 그 사람들에게 분노를 일으키지 않으면서, 거리를 두어야 합니다. 수행이란 진전할 때와 후퇴할 때를 알고, 상황에 순응할 수 있도록 유연성이 필요합니다.

이것을 '불희론不戲論'이라고 부른다.

희론이나 궤변에 연루하지 마십시오. 수행자는 말을 적게 해야 합니다. 그것이 좀 더 도道에 따르는 것입니다. 도는 문자나 말에 의존하지 않습니다. 깨달음의 경계는 말로 표현할 수 없습니다. 깨달음의 생각조차 없는데 하물며 그것을 묘사하거나 설명하려는 노력이 있겠습니까?

여기서 부처님이 희론에 관해서 설명할 때, 얼마나 일부러 간결하게 하는지에 주목하십시오.

경전의 세 번째이자 마지막 부분인 유통분입니다. 유통분은 두 가지 측면이 있습니다. 첫째로 물처럼 중력이 가져갈 수 있는 곳에 모두 전해져야 하고, 둘째로 꿰뚫어 통과하고, 스며들어야 합니다. 물처럼, 이치가 모든 중생에게 이롭도록 널리 퍼집니다. 따라서 우리는 문헌을 설명하고, 그에 따라 번역 및 인쇄, 보급, 토론과 수행을 해야 합니다.

이 유통분은 다른 전형적인 경전의 유통분보다 깁니다. 아마도 부처님이 감정적으로 되면서, 아직 떠날 준비가 완전히 되지 않았기 때문일지 모릅니다. 이 부분의 길이가 긴 또 다른 이유는 부처님이 떠나기 전 마지막 지침이기 때문입니다. 아마도 부처님은 수행자들에게서 인지되는 마지막 결점에 대해서 지적하고 있는 듯합니다. 그러니 부처님의 마지막 지침을 주의 깊게 들어봅시다.

III
유통분
流通分

수행하라는 간곡한 권유

1.

비구들이여! 모든 공덕에 항상 일심이어야 한다. 마치 원수인 도적을 여의듯 모든 방일放逸을 버려야 한다. 크게 자비로운 세존이 너희를 위해 해야 할 설명은 이미 끝났다. 너희들은 오로지 부지런히 그것을 행하면 된다. 산에 있든, 혹은 황량한 풀밭에 있든, 나무 밑에 있든, 평화로운 곳에 있든, 고요한 방에 있든, 그대들이 받은 법을 마음에 두고, 잊거나 잃지 않도록 한다. 항상 스스로 격려하고, 정진하여 닦아야 한다.

한 일도 없이 헛되이 죽으면 뒤에 후회함이 있을 것이다. 나는 마치 좋은 의사와 같이 병을 알아 약을 처방하니, 복용하거나 복용하지 않는 것은 의사의 허물이 아니다. 나는 또한 사람들을 선한 길로 인도하는 좋은 인도자이다. 그것을 듣고 행하지 않는 것은 인도하는 사람의 허물이 아니다.

III 유통분○ 流通分

汝等比丘 於諸功德 常當一心 捨諸放逸 如離怨賊
여등비구 어제공덕 상당일심 사제방일 여리원적

大悲世尊所說利益 皆已究竟 汝等但當勤而行之
대비세존소설이익 개이구경 여등단당근이행지

若於山間 若空澤中 若在樹下 閒處靜室 念所受法 勿令忘失
약어산간 약공택중 약재수하 한처정실 염소수법 물령망실

常當自勉 精進修之
상당자면 정진수지

無爲空死 後致有悔 我如良醫 知病說藥 服與不服 非醫咎也
무위공사 후치유회 아여양의 지병설약 복여불복 비의구야

又如善導 導人善道 聞之不行 非導過也
우여선도 도인선도 문지불행 비도과야

1.

불교를 전파하는 가장 좋은 방법은 부처님의 지침에 따라 수행하는 것입니다. 그것이 대승의 정신입니다. 본보기가 되어 행동하는 것입니다. 서양인은 기준이 좀 다릅니다. 미국인 부모들은 보통 아이들에게 자신이 행동하는 대로 하지 말고, 시키는 대로 하라고 말합니다.

비구들이여! 모든 공덕에 항상 일심이어야 한다.

수행의 기본적 양상은 다음과 같습니다.

첫째는 대승의 복전福田에 복 '공덕'을 심습니다. 사업을 시작하려고 할 때, 창업 자본이 필요한 것과 마찬가지입니다. 수행도 그와 같아서 대승의 복이 많이 필요합니다. 사찰에 가서 복을 심어야 합니다. 공덕을 짓는 것은 보시행을 하는 것입니다. 돈이 있으면 돈을 기부하고, 시간이 있다면 노동력을 기부합니다.

둘째는 대승 수행자들과 인연을 맺도록 노력하십시오. 그건 대승 수행자들에게 도움을 주고, 호법자 역할을 한다는 뜻입니다. 우리 동네가 보통 군인, 경찰, 소방관 덕분에 안전하고 안정적이듯, 수행자에게도 보호가 필요합니다. 예로 오랜 시간 좌선하려면, 팔부중八部衆*이 우리를 조용히 둘러싸고 보호해 주어야 합니다. 마치 닭이 알을

---

* 팔부중 : 불법을 지키는 여덟 신장. 천天 · 용龍 · 야차夜叉 · 건달바乾闥婆 · 아수라阿修羅 · 가루라迦樓羅 · 긴나라緊那羅 · 마후라가摩睺羅迦.

부화하려는 것처럼 느껴질 것입니다. 그러므로 수행을 시작하기에 앞서 다른 이들의 수행부터 돕는다면 그건 아주 좋은 생각입니다. 여러분의 차례가 되었을 때, 다른 사람들이 와서 여러분의 수행을 도와줄 것입니다.

셋째는 삼보에 자주 공을 쌓으십시오. 기여가 크면 클수록 더 많은 복을 지을 수 있습니다. 대승법을 수행하려면 엄청나게 많은 복이 필요하다는 것을 기억하십시오. 복이 풍부할 때 매우 빠르게 진보할 수 있습니다. 복이 떨어지면, 장애를 극복하는 데 정말로 많은 어려움을 겪게 될 것입니다. 예를 들어 복이 있으면 대승의 이치를 듣는 순간 곧바로 신심이 생깁니다. 그렇지 않으면 반복적으로 대승의 이치를 접하더라도 복이 불충분해서 신심을 끌어내지 못할 것입니다. 믿지 않으면 불보살님도 여러분을 도와줄 수 없습니다. 대승의 복이 없으면 대승을 이용할 수 없습니다.

진전하고 싶은 수행자라면 항상 "일심으로" 복을 짓고, 보존해야 (낭비하지 않아야) 합니다.

마치 원수인 도적을 여의듯 모든 방일放逸을 버려야 한다.

"방일"은 앞장에서 설명했습니다. 방일의 한 예로 젊은이들이 감정적 추구에 빠지고, 감각기관에 탐닉하는 것을 들 수 있습니다. 보통 사람들은 방일을 좋은 친구로 여기고 좋아합니다. 대조적으로 수행자는 그보다 더 잘 압니다. 특히 우리를 속이고, 불성에 해를 끼치려는 "원수 같은 도적"으로 여겨야 합니다. 이 방일한 습관은 우리 안에 꽤 깊이 자리 잡고 있습니다. 우리는 그걸 "긴장 완화"라고 잘못 부릅니다. 그리고 그게 우리의 경계를 낮춥니다. 그러므로 이 방일한 습관을 마치 원수 같은 도둑을 떠나듯 '버려야(捨)' 합니다.

크게 자비로운 세존이 너희를 위해 해야 할 설명은 이미 끝났다.

부처님은 중생을 이롭게 하려고 이 세상에 나타났습니다. 불보살님들은 절대로 우리에게 해로운 일을 하지 않을 것입니다. 그분들은 "크게" 자비롭습니다. 자비란 중생의 괴로움을 헤아리고, 중생이 괴로움을 뿌리 뽑는 데 도움을 주길 바라는 것입니다. 현명한 사람은 자연스럽게 다음과 같은 특징을 키웁니다. 자신보다 운이 없는 이들을 가엾게 여기고, 그들의 운명을 개선하는 것을 돕고자 합니다. 이승二乘의 성자인 성문聲聞과 연각緣覺은 자비롭지만, "크게" 자비롭지 않습니다. 오직 불보살님들이 큰 자비가 있습니다. 이들은 중생을 자신과 동체로 봅니다. 이를 일컬어 '동체대비同體大悲'라고 합니다. 우리는 모두 불성을 가지고 있으므로, 동체입니다.

'세존'은 부처님의 열 가지 명칭 중 하나입니다. 이 세상에 부처님보다 더 존귀한 분은 없다는 뜻입니다.

중생이 괴로움을 끝내도록 돕고자 하는 부처님들은 자비롭게 세상에 나타납니다. 그리고 우리를 교화시키고 커다란 이익을 가져다 줍니다. 석가모니 부처님 자신도 50년간 법을 가르쳤고, 300회가 넘는 법회를 열었습니다. 이제 그의 일은 끝났습니다.

너희들은 오로지 부지런히 그것을 행하면 된다.

출세간법들이 전해졌으니, 이제 그 법을 수행 정진하는 것은 우리의 몫입니다. 수행하기 위해서 우리는 적절한 장소를 택해야 합니다. 움직임, 소음 및 방해로부터 멀리 떨어진 산이나, 황량한 풀밭에서, 혹은 12두타행 중 하나인 나무 아래, 어떤 것도 반드시 해야 한다는 압박이 없는 평화로운 곳, 조용한 방과 같은 고요한 공간에서 받은 법을 마음에 두고, 잊거나 잃지 않도록 합니다. 계율을 자주 염송하고, 불경을 공부하고, 그 의미를 관하고, 법을 기억하는 데 전념해야 합니다.

여러분은 항상 스스로 격려해야 합니다. 여러분이 도를 더 빨리 이룰수록, 더 잘 살게 됩니다. 그리고 열심히 정진하며, 스스로 노력하고, 시간을 헛되이 보내지 않도록 합니다. 죽음의 시간에 도달했을 때, 그때야 삶을 헛되이 보낸 것에 대해서 후회하고 싶지 않을 것입니다. 이 사람의 몸은 얻기가 매우 어렵고, 불법을 마주치기도 매우 어렵습니다. 이제 기회가 생겼으니, 미래에 후회하지 않도록 최선을 다 하십시오.

그러고 나서 부처님은 두 가지 비유를 듭니다. 그는 훌륭한 의사 그리고 뛰어난 안내자와 같습니다.

부처님은 병을 이해하고 약을 처방하는 좋은 의사와 같습니다. 부처님은 여러분의 수많은 질병을 치료하는 방법을 알고 있습니다. 부처님은 무엇이 여러분을 아프게 하는지 알고 있으며, 그에 따라서 약을 처방했습니다. 그 약을 복용하거나 복용하지 않는 것은 의사의 허물이 아닙니다. 부처님이 최고의 약을 준다고 해도, 약을 먹고 싶지 않다면, 그것은 부처님 잘못이 아닙니다. 부처님은 괴로움을 끝내는 법을 가르쳤고, 만약 부처님의 지침을 따르고 싶지 않다면, 부처님께서 여러분을 위해서 해줄 수 있는 것은 아무것도 없습니다.

나는 또한 사람들을 선한 길로 인도하는 좋은 인도자이다.

부처님은 마치 길을 알고 있는 능숙한 안내자와 같습니다. 그것을 듣고 행하지 않는 것은 안내자의 탓이 아닙니다.

선화 상인은 예전에 이렇게 말하곤 했습니다.

"스승이 여러분을 문까지 안내해줄 수 있지만, 그 문을 직접 건너야 하는 사람은 당신입니다."

모든 의심을 없애다.

1.

비구들이여! 만약 고苦 등의 사성제四聖諦에 대한 의심이 있으면 빨리 질문하라. 의심을 품고 있으면서, 해결을 구하지 말아라. 이때 세존께서 이처럼 세 번 말했지만 아무도 묻는 사람이 없었다. 대중 모두 아무런 의심이 없었기 때문이다.
그때 아누루다는 대중의 마음을 관하고 부처님에게 사뢰었다.
"세존이시여, 달은 뜨거워지고, 해는 차가워질 수 있지만, 부처님이 설하신 사성제는 그렇지 않습니다. 부처님이 가르친 고성제는 실로 고苦입니다. 그것을 낙樂이라 할 수 없습니다. 집성제集聖諦는 진실로 그것의 원인原因이고, 다른 어떤 원인도 없습니다. 고苦를 멸하려면, 고의 원인을 멸해야만 합니다. 그 원인이 멸하는 까닭으로 결과도 멸합니다. 고苦를 멸하는 길이 실로 진실의 길입니다. 그 외 다른 길은 없습니다. 세존이시여, 이 모든 비구는 사성제에 대해서 확신하며,

의심이 없습니다."

汝等若於苦等四諦有所疑者 可疾問之 毋得懷疑 不求決也
여등약어고등사제유소의자 가질문지 무득회의 불구결야
爾時世尊如是三唱 人無問者 所以者何 衆無疑故
이시세존여시삼창 인무문자 소이자하 중무의고
時阿㝹樓䭾 觀察衆心 而白佛言
시아누루다 관찰중심 이백불언
世尊 月可令熱 日可令冷 佛說四諦 不可令異
세존 월가령열 일가령냉 불설사제 불가령이
佛說苦諦實苦 不可令樂 集眞是因 更無異因
불설고제실고 불가령락 집진시인 갱무이인
苦若滅者 卽是因滅 因滅故果滅 滅苦之道 實是眞道 更無餘道
고약멸자 즉시인멸 인멸고과멸 멸고지도 실시진도 갱무여도
世尊 是諸比丘 於四諦中 決定無疑
세존 시제비구 어사제중 결정무의

1.

부처님은 떠나기 전, 제자들이 그의 가르침에 대해 질문할 기회를 얻게 하여 계속 의심을 품지 않길 원합니다.

비구들이여! 만약 고苦 등의 사성제四聖諦에 대한 의심이 있으면 빨리 질문하라.

사성제는 대승의 기반입니다. 사성제는 괴로움(苦), 축적(集), 소멸(滅) 그리고 도道입니다.

괴로움(苦) : 우리 존재의 현실은 고통에 빠져있다는 것입니다. 우리 모두 과거에 지은 죄에 대한 업보를 겪기 위해서, 이곳 사바세계에 모였습니다. 예를 들어 우리는 전생에 누군가를 죽였습니다. 이제 그가 질병을 퍼뜨리는 질병 귀신이 되어서 우리의 목숨을 내놓으라고 찾아왔습니다. 우리는 몸에 육체적 해를 주는 질병, 사랑하는 사람에게 야기된 고통으로 인한 정신적 스트레스 그리고 질병으로 인한 정신적 좌절로 인해 괴롭습니다.

또 다른 예로 아이들은 일반적으로 채권자이고, 부모는 채무자입니다. 그래서 부모는 아이들 뒷바라지를 위해서 노력하는 것으로 빚을 갚아야 합니다. 아이들이 자라면, 가족을 떠납니다. 아이들이 부모를 떠나는 것은 빚이 다 갚아졌다는 징조로 여길 수 있습니다.

축적(集) : 괴로움의 원인은 축적입니다. 그것은 탐욕 또는 집착으로 이해할 수 있습니다. 고통은 어떻게든 축적되는 경향이 있어서, 더 극심해집니다. 예로 향미에 욕심이 나서, 과식하게 되고, 소화제를 먹어야 합니다. 폭음과 폭식을 지속하기 위해서 화학물질에 의존하게 되는 것입니다. 그래서 과체중이 되고, 젊은 나이에 당뇨도 걸립니다. 고통은 쌓입니다.

소멸(滅) : 원래 산스크리트어로 도멸道滅이었습니다. 도道는 멸滅로 이어집니다. 즉 고가 멈춥니다. 하지만 중국어로 번역될 때, 더 듣기 좋도록 그 순서가 바뀌었습니다. 멸滅이란 괴로움이 없는 것입니다. 이것이 삼계 해탈의 과위果位입니다. 이것이 열반이며, 더이상 괴로움이 없고, 오직 영원한 안락만 있습니다.

도(道) : 도는 멸滅을 얻기 위해서 갈 수 있는 길입니다. 그 길을 걸으면 궁극적으로 우리를 해탈과 모든 고통의 끝으로 데려갈 것입니다.

도道가 원인이라면, 반대로 멸滅은 결과입니다. 괴로움의 현실을 자각하는 사람은 수행하려는 경향이 있습니다.

그런데, 부처님은 제자들에게 모든 '다른' 가르침에 대해서 질문하라고 합니다.

지금 빨리 물어봐도 됩니다. 의심을 품지 말고, 반드시 해결해야 합니다. 만일 어떤 것이든 확실하지 않다면 반드시 빨리 묻도록 해야 합니다. 그가 이제 곧 떠날 것이기 때문입니다.

"우리가 헤어지기 전 내가 여러분을 위해서 해줄 수 있는 것은 무엇입니까?"

> 이때 세존께서 이처럼 세 번 말했지만 아무도 묻는 사람이 없었다. 대중 모두 아무런 의심이 없었기 때문이다.

부처님은 갈마법羯磨法에 근거하여 질문을 세 번 반복했습니다. 정식적 절차는 존중과 성심을 표하기 위해서 세 번 반복하게 되어있습니다. 그것을 "여법如法, 즉 법에 따른다."라고 합니다. 그다음 요청을 받은 사람은 그에 따라 답변해야 합니다.

부처님은 질문을 세 번 반복했으나, 누구도 아무 말도 하지 않았습니다. 그의 가르침에 대해 의심을 품은 자가 아무도 없었기 때문입니다.

> 그때 아누루다는 대중의 마음을 관하고 부처님에게 사뢰었다.

아누루다 존자는 천안제일天眼第一이라서 당시 참석한 대중의 마음을 들여다볼 수 있습니다. 그는 의심이 있는 자가 아무도 없다는 것을 재확인했습니다.

> 세존이시여, 달은 뜨거워지고, 해는 차가워질 수 있지만, 부처님이 설하신 사성제는 그렇지 않습니다.

아누루다 존자는 누군가 신통력으로 해를 차갑게 하거나 달을 뜨겁게 만들 수는 있어도, 사성제는 바꿀 방법이 없다고 말했습니다. 진실은 바꿀 수 없습니다. 진리는 시간과 공간을 초월합니다. 이 성스러운 비구는 더 자세히 설명했습니다.

부처님이 가르친 고성제는 실로 고苦입니다. 그것을 낙樂이라 할 수 없습니다.

부처님이 괴로움이라 설한 것을 즐거움(또는 그러한 것)이라 부를 수 없습니다. 집성제集聖諦는 진실로 그 원인原因이며, 그 외에 다른 어떤 원인도 없습니다. 게다가 집성제에 따르면 축적이 괴로움의 원인입니다. 그 외 가능성이 있는 다른 원인은 없습니다.

고苦를 멸하려면, 고의 원인을 멸해야만 합니다.

괴로움을 없애기 위해서 그 원인을 제거해야 합니다. 그것이 집集입니다. 원인이 소멸되면, 그 결과도 멸하기 때문입니다. 불이 없으면 연기도 나지 않습니다.

고苦를 멸하는 길이 실로 진실의 길입니다. 그 외 다른 길은 없습니다.

고를 끝내고 즐거움을 얻으려면(離苦得樂), 반드시 도道를 수행해야 합니다. 그것이 우리가 가진 유일한 선택사항입니다. 다시 말해 다른 길을 시도할 수는 있겠지만, 단지 시간만 낭비할 뿐입니다. 부처님의 많은 제자는 예전에 외도에서 높은 단계의 수행자였습니다. 그들도 오직 도道를 통해서 해탈을 얻었습니다.

세존이시여, 이 모든 비구는 사성제에 대해서 확신하며, 의심이 없습니다.

아누루다는 이 모든 비구가 부처님의 가르침에 대해서 전혀 의심이 없다는 것에 만족합니다.

의심을 잘라버리다

"의심을 잘라버리다."는 "일어날 수 있는 모든 의심을 제거하다."는 뜻입니다. 의심은 수행에 주요 장애입니다. 그렇기 때문에 세존은 떠나기 전 제자들 마음속에 있는 모든 의심을 확실히 해결하고자 합니다.

이것은 선지식善知識이 해야 할 일입니다. 학생들이 수행의 장애를 극복하도록 돕습니다. 선지식은 여러분이 어디에 정체하고 있는지 인지(知)하고, 그것을 해결하는 방법을 알며(識), 그 과정을 능숙하게 인도할 수 있는 능력(善)이 있습니다.

의심을 품으면 선정에 들어가기 어렵습니다.

의심이 없으면 신심은 굳건해집니다. 그것이 우리를 앞으로 정진할 수 있게 해줍니다. 대승은 깊은 신심에 의지하여 모든 곳으로 전파됩니다.

○
남아있는 의심을 드러내다.

1.

이 (칠부) 대중 가운데 아직 해야 할 일을 마치지 못한 자는 부처님의 멸도를 보고, 당연히 슬픈 감정을 드러낼 것이다. 혹은 처음으로 불법에 들어온 자는 부처님의 설하신 것을 듣고 모두 도탈度脫을 얻을 것이다. 비유를 들자면 밤에 번갯불을 보는 것처럼 도를 보았다. 이미 할 일을 하여 이미 고해苦海를 건넌 자는 단지 한 생각만 할 것이다. '세존의 멸도가 한결같이 어찌 이리도 빠른가?'

於此眾中所作未辦者 見佛滅度 當有悲感
어차중중소작미판자 견불멸도 당유비감
若有初入法者 聞佛所說 卽皆得度 譬如夜見電光 卽得見道
약유초입법자 문불소설 즉개득도 비여야견전광 즉득견도

若所作已辦 已度苦海者 但作是念 世尊滅度一何疾哉

약소작이판 이도고해자 단작시념 세존멸도일하질재

1.

   남아있는 의심을 드러내다.

비록 제자들이 명백한 의심은 가지고 있지 않지만, 아직도 의심의 씨앗을 가지고 있습니다. 부처님은 그게 표면에 드러나도록 돕고 있습니다.

   이 (칠부) 대중 가운데 아직 해야 할 일을 마치지 못한 자는 부처님의 멸도를 보고, 당연히 슬픈 감정을 드러낼 것이다.

"해야 할 일"이란 생사를 끝내기 위해서 해야 할 일을 뜻합니다. "해야 할 일을 아직 마치지 못한 자"는 해탈을 얻지 못한 사람들입니다. 이들은 여전히 번뇌가 많습니다. 그들은 부처님이 이제 막 떠나려는 것을 보고 슬픔을 느낄 수밖에 없습니다.

성문과聲聞果에는 네 단계가 있습니다. 수다원須陀洹, 사다함斯陀含, 아나함阿那含과 아라한阿羅漢입니다.

성문의 첫 과위果位인 수다원은 88가지 견혹見惑을 돌파했습니다. 견혹은 어떤 상태나 대상에 직면했을 때, 욕망이나 사랑을 일으킨다는 의미입니다. 수다원은 외부로부터 영향을 받지 않습니다. 예를 들어 추위 또는 더위의 영향을 받지 않습니다. 또한 이들은 성인의 강의 "흐름에 들어간" 자라고 합니다.(預流果). 이들의 마음은 명료하고, 해탈의 방향을 알고 있습니다. 이들은 해탈을 향해서 나아갑니다. 그래서 나는 제자들에게 이 중요한 수행의 단계를 목표로 삼으라고 재촉합니다. 일단 달성하면, 더 이상 실수를 두려워하지 않습니다. 이것은 일종의 보험과 같습니다. 절대로 퇴보하거나 더 낮은 법계로 떨어지지 않을 것입니다.

사다함은 도달하기가 훨씬 더 어렵습니다. 아나함은 욕계를 넘어섰습니다. 이는 상당한 성취입니다. 아라한은 욕계, 색계와 무색계의 모든 번뇌를 끝냈습니다. 이들은 자아에 종지부를 찍었습니다.

대승은 수행의 목표가 외도 수행자와 다릅니다. 외도 수행자는 긴 수명을 얻거나 천상에 태어나길 희망합니다. 반대로 대승 수행자는 해탈을 얻는 것 즉 생사를 끝내길 원합니다. 이 세상의 미혹을 깬 자만이 어느 길로 가야 할지 알 것입니다.

많은 사람이 평생 수행할 수는 있지만, 결코 삼매에 들어가지 못합니다. 지혜를 펼치기 위해서 선정을 얻어야만 합니다. 지혜가 있는 사람은 자신의 여러 집착을 볼 수 있습니다. 그러므로 번뇌에 끝을 내고 싶다면, 선정의 힘을 길러야 합니다. 여러분은 선정의 힘이 증가하고 있나요? 그렇지 않다면 아마도 잘못된 길로 가고 있을 겁니다.

학자들은 책은 많이 읽지만, 선정의 힘을 키우지 못해서 깊이가 부족합니다. 그들에게 '문자 지혜'는 있지만, 더 깊이 파고들 수단이 없습니다. 이것은 말법 시대의 수행에서 흔히 볼 수 있는 실수입니다. 수행은 해탈을 위한 것이지, 지식을 늘리기 위한 것이 아닙니다. 마찬가지로 우리는 법을 듣고(따라서 '문자 지혜'를 얻습니다), 선정 수행도 해야 합니다. 대승의 모든 조사는 선禪이 선정의 힘을 키우는 주요 도구임을 이해하기 때문에 선을 가르칩니다.

과위果位를 증득하는 데 많은 법의 문들이 있습니다. 예를 들어 계율을 지키는 것은 선정의 힘을 빠르게 성장시키는 기반입니다. 경전은 특유의 내재된 힘이 있습니다. 선근이 성숙한 이들은 가르침을 듣고 깨달을 수 있습니다. 부처님의 첫 다섯 제자는 모두 오직 부처님의 첫 법문을 듣는 것만으로 아라한과를 증득했습니다. 평범한 사람들의 경우, 경전을 들으면 적어도 '문자 지혜'는 얻을 것입니다.

수행의 목적은 우리의 부족한 점을 발견하여 바로잡는 것입니다. 예로 우리는 화내는 일이 어리석다는 점은 이해합니다. 그러므로 무엇이 화를 유발하는지 이해하고 싶습니다. 그 근본을 이해할 수만 있다면, 그때 더 쉽게 뿌리 뽑을 수 있습니다. 그러면 화에서 생기는 모든 번뇌를 제거할 수 있습니다.

처음으로 불법에 들어온 자는 부처님의 설하신 것을 듣고 모두 도탈度脫을 얻을 것이다.

비록 이들이 아직 해탈을 얻지는 못했지만, 미래에 반드시 해탈할 것입니다.

비유를 들자면 밤에 번갯불을 보는 것처럼 도를 보았다.

이들은 우리가 모르는 무언가를 알고 있습니다. 해방으로 가는 안전한 길 말입니다.

수다원에서 아나함까지는 "여전히 공부해야 하는 사람들"이라 부릅니다. 아라한은 "무학자無學者, 즉 배울 것이 없는 자"라고 합니다. 이들은 자아를 비웠습니다. 예를 들어 명상하려 앉아 있는데 다리가 아픕니다. 충분히 오래 앉아 있으면 아픔은 멈추고 마침내 텅 비게 됩니다. 다리를 잃게 될 것이란 건 아닙니다. 단지 그게 본질적으로 비었고, 거기에 더는 얽매이지 않았음을 깨닫는 것입니다. 공이란 무엇인가요? 그것은 우리의 타고난 성품입니다.

이미 해야 할 일을 하여 고통의 바다를 건너온 자들은 아라한 혹은 그 이상을 의미합니다. 이들은 이미 생사의 해탈이라는 인생의 가장 높은 목표에 도달했습니다. 그들은 고해를 건넜고, 더는 윤회의 바퀴에서 돌지 않아도 됩니다. 인간의 세상에 돌아올 필요가 없습니다. 수다원은 아라한을 증득하기 전까지 인간계에 일곱 번 돌아와야 합니다. 사다함은 아라한과를 얻기 전에 인간계에 오직 한 번만 돌아오면 됩니다. 아나함은 인간계에 돌아올 필요가 없습니다. 오직 아라한만 생사에 종지부를 찍었습니다.

이 아라한들은 오직 이 생각만 할 것입니다.

'세존의 멸도가 어찌 이리도 빠른가?'

'부처님은 왜 우리를 떠나려고 이렇게 서두르는 걸까?'

수다원에서 아나함까지는 비록 욕계에서 견혹見惑과 사혹思惑을 끝냈으나, 아직 번뇌는 끝을 내지 못했습니다. 이와 대조적으로 아라한은 부처님이 곧 떠나실 것에 대해서 번뇌롭지 않고, 단지 부처님이 왜 지금 떠나려 하는지 이유를 이해하지 못합니다.

○
그런 의심에
끝을 내다.

1.

아누루다는 다음과 같이 말했다.

"대중이 모두 다 사성제의 의미를 통달했습니다."

세존께서는 이 모든 대중으로 하여금 견고함을 얻게 하고자 대중을 위하여 대비심으로 다시 설하였다.

"비구들이여! 슬픔과 번뇌를 품지 말라. 만약 내가 세상에 한 겁을 머문다고 하더라도 반드시 멸도하고 말 것이니, 만나서 떠나지 않는 것은 불가능하다. 자기도 이롭고 남도 이롭게 하는 것은 법에 모두 갖추어져 있느니라. 만약 내가 오래 머물지라도 다시 더 이익될 것이 없느니라. 응당 제도할 수 있는 자는 천상이나 인간계에 모두 다 이미 제도되었고, 그 가운데 아직 제도되지 못한 자는 또한 모두 이미 제도를 얻을 인연을 지었느니라. 지금부터 이후로 나의 모든 제자들이 쉬지 않고 이것들을 행하면 여래의 법신이 항상 머물러 멸하지 않으리라."

阿㝹樓䭾雖說此語 衆中皆悉了達四聖諦義

아누루다수설차어 중중개실요달사성제의

世尊欲令此諸大衆皆得堅固 以大悲心 復爲衆說

세존욕령차제대중개득견고 이대비심 부위중설

汝等比丘 勿懷悲惱

여등비구 물회비뇌

若我住世一劫 會亦當滅 會而不離 終不可得

약아주세일겁 회역당멸 회이불리 종부가득

自利利他 法皆具足 若我久住 更無所益

자리이타 법개구족 약아구주 갱무소익

應可度者 若天上人間 皆悉已度 其未度者 皆亦已作得度因緣

응가도자 약천상인간 개실이도 기미도자 개역이작득도인연

自今以後 我諸弟子展轉行之 則是如來法身常住而不滅也

자금이후 아제제자전전행지 즉시여래법신당주이불멸야

1.

그런 의심에 끝을 내다.

부처님은 자비롭게 그런 의심에 종지부를 찍습니다.

아누루다가 다음과 같이 말했다.

아누루다는 산스크리트어로 "가난하지 않다."는 뜻입니다. 그는 연각(緣覺, 벽지불)에게 음식 공양을 올린 까닭으로 91억 겁 동안 가난하지 않은 경계를 얻었습니다. 그 복으로 이생에 부처님 아래에서 출가할 수 있었습니다. 불행히도 그는 부처님의 설교를 들을 때마다 습관적으로 졸았습니다. 부처님이 꾸짖자 잘못을 뉘우치고, 며칠 밤낮을 꼬박 새워 수행했습니다. 그 결과 그는 장님이 되었습니다. 부처님은 그를 불쌍히 여겨서 천상의 눈을 뜨도록 '금강조명삼매金剛照明三昧'를 가르쳤습니다. 그는 대천세계를 자신의 손바닥 보듯 보았습니다.

대중이 모두 다 사성제의 의미를 통달했습니다.

모두 사성제를 완전히 "꿰뚫었습니다." 그러나 세존은 이 대중의 모든 사람이 확고하길 바랐고, 그들의 신심이 강해지기를 원했습니다. 세존이 살아있을 때 제자들은 쉽게 신심을 일으킬 수 있었습니다. 일단 부처님이 떠나고 나면, 신심이 흔들리는 일이 드문 일이 아닙니다. 그래서 대중을 위해서 대비심으로 다시 설하였습니다. 부처님은 이제 곧 몇 가지 팁을 더 주려고 합니다.

비구들이여! 슬픔과 번뇌를 품지 말라.

슬프거나 번뇌로울 필요가 없습니다. 만약 부처님께서 세상에 한 겁을 머문다 하더라도 여러분과의 인연은 끝날 것입니다. 한 겁 전체동안 머문다고 하여도, 결국은 떠나야만 합니다. 연이 무르익으면 우리는 수행하기 위해서 함께 모일 수 있습니다. 연이 끝나면, 그때는 헤어져야만 합니다. 우리의 만남에는 반드시 끝이 있습니다.

자기도 이롭고 남도 이롭게 하는 것은 법에 모두 갖추어져 있느니라.

부처님은 두 종류의 법을 전하기 위해서 여기에 왔습니다. 첫째는 자신을 이롭게 하는 법이고, 둘째는 다른 이를 이롭게 하는 법입니다. 자신을 이롭게 하는 법은 장교藏敎이며, 아함시阿含時 기간에 설했습니다. 이 법으로 아라한과 연각을 증득할 수 있습니다. 다른 이를 이롭게 하는 법은 중생이 해탈을 얻도록 돕는 보살을 위한 가르침입니다. 부처님께서는 그 두 가지 법에 대해서 완전히 다 설했습니다.

내가 오래 머물지라도 다시 더 이익될 것이 없느니라.

부처님들은 매우 바쁘고, 필요한 것보다 더 오래 살지 않을 것입니다. 할 일을 마치면 계속 머물러 있는 것이 더는 이득이 없으므로 다음으로 나아갑니다.

제자들은 자연스레 스승에게 집착합니다. 그래서 모든 스승은 제자들이 지나치게 의존하는 것을 피하기 위해서 떠나야 합니다.

천상 위나 인간들 사이에서 이미 건너게 해줄 수 있는 사람들은 이미 모두 건너갔습니다. 부처님은 삼승三乘 즉 성문, 연각, 보살을 제도하기 위해서 이 세상에 왔습니다. 그들을 모두 제도하기 위해서 심지어 천상에도 갔습니다.

그 가운데 아직 건너가지 못한 이들은 모두 이미 제도를 얻을 인연을 지었습니다. 미래에 해탈할 수 있는 씨앗을 심었습니다. 예를 들어 이 세상에 미륵 부처님이 나타나면 그들 중 많은 사람이 해탈을 얻을 것입니다.

이제부터 부처님의 모든 제자는 쉬지 않고 수행해야 합니다. 여러분은 이제 부처님께서 가르쳐 준 모든 법을 수행해야 합니다. 여러분은 서로 독려하고 바로 잡아줘야 합니다.

불법의 수행자가 있는 한 여래의 법신은 항상 머물러 멸하지 않을 것입니다. 부처님의 법은 여전히 이 세상에 존재합니다. 불법은 부처님의 법신입니다. 사람들이 불교를 수행하는 한, 부처님이 세상에 존재하는 것과 같습니다.

○
유위법과
무상을 반복해 말하다.

이런 까닭으로 마땅히 알아야 한다. 세상의 모든 것은 무상하다. 만나면 반드시 떠남이 있는 것이니, 근심과 괴로움을 마음에 두지 말라. 세상의 모든 모습이란 이와 같은 것이니, 마땅히 부지런히 정진하여 조속히 해탈을 구하라. 지혜의 밝음으로써 모든 우치愚癡의 어둠을 멸하라. 세상은 실로 위태로워 견고한 것이 없느니라.

내가 지금 멸도하는 것은 마치 악한 병을 제거하는 것과 같다. 이것은 응당 버려야 할 몸이며, 죄악의 물건이고, 거짓 이름으로 된 몸이라 생로병사의 큰 바다에 빠져있거늘, 어찌 지혜 있는 사람이 그 몸을 제거하여 없애기를, 마치 원수인 도적을 죽이는 것처럼, 기뻐하지 않겠는가?

是故當知 世皆無常 會必有離 勿懷憂惱 世相如是
시고당지 세개무상 회필유리 물회우뇌 세상여시

當勤精進 早求解脫 以智慧明 滅諸癡暗 世實危脆 無堅牢者

당근정진 조구해탈 이지혜명 멸제치암 세실위취 무견뢰자

我今得滅 如除惡病 此是應捨之身 罪惡之物 假名爲身 沒在老病 生死大海

아금득멸 여제악병 차시응사지신 죄악지물 가명위신 몰재노병생사대해

何有智者得除滅之 如殺怨賊而不歡喜

하유지자득제멸지 여살원적이불환희

1.

유위법과 무상을 반복해 말하다.

부처님은 제자들에게 수행을 위한 마지막 훈계를 주기 위해서 유위법有爲法과 무상無常에 대해서 다시 설명합니다.

이런 까닭으로 마땅히 알아야 한다. 세상의 모든 것은 무상無常하다.

이 세상의 어떤 것도 영원히 지속하는 것이 없습니다. 생生한 것은 무엇이든 반드시 멸滅해야 합니다.

만나면 반드시 떠남이 있습니다. 불법을 수행하기 위해 모인 연들이, 이제 그들의 길을 달렸으므로, 헤어져야 합니다. 그러니 근심과 괴로움을 마음에 두지 마십시오. 부처님의 죽음을 슬퍼해야 할 이유가 없습니다.

세상의 모든 모습이 이와 같습니다. 세상의 모든 현상은 이런 특징이 있습니다. 모든 세상은 네 단계를 거쳐 순환하는데, 이것이 성주괴공(成住壞空: 생성되고, 존속되고, 쇠퇴하고, 공으로 돌아간다)입니다. 더 작은 규모에서도, 세상의 여러 모든 것이 이와 같은 과정을 거칩니다. 생주이멸(生住異滅: 생기고, 상주하고, 변화하고 멸합니다)입니다. 결국 모두 공으로 돌아갑니다.

『금강경』에서 이르고 있습니다.

"모든 유위법은 꿈, 환상, 물거품, 그림자와 같다. 이슬과 같고 또한 번개와 같으니 응당 이와같이 관해야 한다(一切有爲法 如夢幻泡影 如露亦如電 應作如是觀)."

연에서 일어난 모든 것은 단지 (비현실적인) 꿈, (인간이 지어낸) 환상, (일시적이고 매우 깨지기 쉬운) 물거품, (헛된) 그림자와 같습니다. (해가 뜨면 사라지는) 이슬, 또한 (아주 짧은 순간의) 번개와 같습니다. 이것들은 그렇게 보기 위해서 관법을 사용해야 합니다.

아직 기회가 있을 때, 부지런히 정진하여, 조속히 해탈을 구해야 합니다. 열심히 해서 속히 괴로움에 끝을 봐야 합니다.

지혜의 밝음으로써 모든 우치愚癡의 어둠을 멸하라.

무명과 우치에서 비롯된 어둠을 모두 밝힐 수 있는 밝은 횃불처럼 출세간의 '지혜'를 펼치도록 노력해야 합니다. 무명無明은 매우 파괴적입니다. 무명은 어둠으로 모든 걸 감싸버리고, 우리가 명료히 보는 것을 막습니다. 이는 마치 어두운 집안에서 이리저리 움직이는 것과 같아서, 조만간 날카로운 모서리에 부딪히거나, 계단 아래로 넘어지거나, 가치 있는 물건을 부수게 될 것입니다.

세상은 실로 위태로워 견고한 것이 없느니라.

『묘법연화경』에서 부처님은 부처의 눈(佛眼)으로 우리 세상의 중생은 장난감에 너무 몰두한 나머지 집에 불이 난 것도 눈치채지 못하는 아이들과 같음을 본다고 설명합니다.

내가 지금 멸도하는 것은 마치 악한 병을 제거하는 것과 같다.

부처님이 적멸에 들어가는 것이 심각한 병을 제거할 수 있는 것에 비유됩니다. 부처님은 이미 80년간 이 몸속에서 충분히 괴로움을 겪었습니다. 우리의 몸은 온갖 질병이 증식할 수 있는 비옥한 들판이며, 과거 채권자(責主)들이 들어와서 자신의 권리를 주장할 수 있는 수단입니다.

육체는 거짓된 이름이고, 이 몸은 사대 원소가 헛되이 결합한 것으로 생노병사의 큰 바다에 빠져있습니다. 아주 먼 과거부터 우리의 몸은 우리가 생사의 바다에서 위아래로 왔다갔다하는 원인이 되었습니다. 우리가 몸에 집착이 있는 한, 고통의 "거대한 바다"에서 계속 괴로워야 합니다. 부처님은 우리가 '노화'의 고통을 견디고 있음을 분명히 지적합니다. 몸은 해가 갈수록 무자비하게 약해지고, 점점 더 '질병'으로 가득 차게 됩니다. 우리는 '태어날' 때, 공기와의 접촉이 매우 고통스럽기 때문에, 소리를 지릅니다. 그리고 궁극적으로는 '죽음'이라는 끔찍한 최후를 맞이해야 합니다.

어떤 매우 부유한 재벌이 말하길 "모든 재산을 다 써도 목숨은 단 한순간도 늘릴 수 없다."라고 했습니다. 이해했나요? 이 사람은 자신의 운명을 개척해서 원하는 것은 뭐든 다 얻고, 찬란한 인생을 살았던 사람입니다. 그도 역시 궁극적으로 피할 수 없는 죽음의 얼굴을 마주해야 합니다. 우리에게 얼마나 더 시간이 있는지 모르기 때문에 무서운 일입니다. 안 그런가요?

지혜로운 사람이라면 이 몸을 없애기를 마치 원수인 도적을 죽이는 것처럼 기뻐하지 않겠습니까? 진정으로 지혜가 있다면, 이 몸을 없애버리는 것은, 사악한 계획을 세운 극도로 비열한 도적을 제거하는 것과 마찬가지라는 걸 이해할 것입니다. 그러니 슬퍼하는 대신 나를 위해서 '행복'해야 합니다.

최후의 가르침

1.

비구들이여! 항상 일심一心으로 부지런히 세간의 움직임이 있는 모든 법과 움직임이 없는 모든 법에서 벗어나는 길을 구하라. 그것들은 다 부서지고 파괴되는 불안한 모습이다. 너희들은 모두 멈춰라. 더는 말할 것이 없다. 때는 장차 지나가려 하고, 나는 멸도하고자 한다. 이것이 나의 최후의 가르침이다.

汝等比丘 常當一心勤求出道 一切世間動不動法 皆是敗壞不安之相
여등비구 상당일심근구출도 일체세간동부동법 개시패괴불안지상
汝等且止 勿得復語 時將欲過 我欲滅度 是我最後之所教誨
여등차지 물득부어 시장욕과 아욕멸도 시아최후지소교회

1.

최후의 가르침

이제 부처님이 우리에게 한 최후의 말씀입니다.

비구들이여!

떠나기 전 부처님께서는 여전히 여러분이 걱정된다는 것을 알고 있나요?

항상 일심一心으로

이제 알아차렸나요? 대승은 정념(正念, Mindfulness)이 아닌 일심一心을 강조합니다. 정념은 소승의 주요 명상법입니다. 그들은 일심이 정념으로 이어진다는 것을 아직 이해하지 못합니다. 반대로 정념이 반드시 일심으로 이어지는 것은 아닙니다. 수행의 길을 선택할 때, 어떤 수행법이 바른지, 견고한 결과를 가져올 수 있는지 인식할 수 있는 '택법안擇法眼'이 있어야 합니다. 많은 사람이 대승의 옷을 입고서 오직 소승법만 가르칩니다. 그러니 외모와 상에 속지 마십시오. 일반인들이 반드시 더 잘 아는 것은 아닙니다. 그러니 명성에 속지 마십시오.
부지런히 벗어나는 길을 구해야 합니다. "부지런히(勤)"란 정진 바라밀 수행을 의미합니다. 삼계를 탈출하기 위한 "벗어나는(出)" 법

을 전달할 수 있는 선지식을 "구하십시오(求)".

이런 것이 상근기의 태도입니다. 상근기는 미소 짓기, 일몰 감상, 장미꽃 향기 맡기와 감각적 쾌락을 강화하기 위한 요령과 같은 세속법에 대해서 관심이 없습니다.

왜일까요? 아마도 마음 깊숙이 그런 일이 더 많은 집착을 불러일으킬 뿐이란 것을 알기 때문일 것입니다. 바른 길에 있으면 더 적은 집착이 있어야 하고, 그러므로 번뇌도 더 적어야 합니다.

그렇다면 어떻게 세속적인 법을 인식할 수 있을까요?

세간의 모든 움직임의 법과 움직임이 없는 법

세간법의 두 가지 유형은 '움직임(動)'과 '움직이지 않음(不動)'입니다.

'움직임의 법(動法)'은 무엇인가요? 동법動法은 외적인 것을 쫓는 것을 촉진합니다. 이것이 욕계의 법입니다. 그들은 여전히 마음을 통제할 수 없어서 선정에 대해 가르치지 않습니다. 그들의 마음은 여전히 움직입니다. 그러면 몸도 역시 움직입니다. 그들은 움직임 속에서 즐거움을 찾습니다. 예를 들면 서점에 가보면, 마음 챙김에 대해서 가르쳐주는 명상 서적을 많이 찾아볼 수 있을 것입니다. 이런 책들을 자세히 살펴보면 사실 감각적 쾌락을 키우기 위한 명상을 부추깁니다. 그들은 삶에서 더 많은 즐거움을 얻을 수 있도록 명상을 가르칩니다. 일출을 보고, 차를 음미하거나 감각적인 즐거움을 강화하기 위해서 차크라(chakra)를 씁니다. 이런 것은 움직임의 법(動法)입니다. 그런

걸 수행하면 여러분은 욕계에 묶이는 게 보장됩니다!

'움직임이 없는 법(不動法)'은 어떤가요? 그건 색계와 무색계의 법입니다. 그들은 선정의 힘을 키우므로, 마음이 움직이지 않습니다. 마음이 움직이지 않을 때, 몸도 움직이는 것을 좋아하지 않습니다. 디야나(Dhyana)는 초선初禪에서 사선四禪까지 네 단계가 있습니다. 이들은 집중력은 키웠지만, 탈출하기 매우 어려운 형태인 '색롱(色籠, 색의 우리)'에 여전히 갇혀 있습니다. 만약 이들이 색의 우리에서 벗어나면, 그때 네 단계의 무색계인 공무변처(空無邊處, 오정), 식무변처(識無邊處, 육정), 무소유처(無所有處, 칠정), 비상비비상처(非想非非想處, 팔정)로 졸업합니다.

이 두 종류의 '움직임의 법'과 '움직임이 없는 법'은 우리를 괴로움에서 해방해 주지 못하기 때문에 궁극적이지 않습니다. 왜일까요? 그런 것들은 모두 부서지고(敗), 파괴되고(壞), 불안(不安)한 모습을 갖고 있기 때문입니다.

이 부분에 주목하십시오. 세간법에는 세 가지 특성이 있습니다.

1. 부서짐(敗) : 부서지고 있습니다. 어떤 것이든 변질되지 않는 것이 있나요? 그들을 쫓는 것은 순간적이고 일시적이고 덧없는 아름다움을 추구하는 것과 마찬가지입니다.

2. 파괴(壞) : 사라지고, 주변에 없을 것이며, 흔적도 없이 사라질 것입니다. 공으로 돌아가지 않는 것이 있나요? 명성과 이익을 쫓지만, 죽을 때 가져갈 수 있나요?

3. 불안(不安) : 더 많은 번뇌를 주는 경향이 있습니다. 여러분이 여전히 집착이 있어서 불안합니다. 만일 꿰뚫어 볼 수 없다면, 여전히

걱정하고, 좋고 싫음, 사랑과 미움 등의 기복을 경험해야만 합니다. 불법은 바로 이런 법들을 위한 해독제입니다.

만약 이런 모든 현상을 볼 수 있다면, '택법안擇法眼'을 갖기 시작한 것입니다! 나는 여러분이 부처님을 실망시키지 않도록 이 점을 잘 살펴보길 바랍니다.

모두 멈춰라

그런 것이 부처님의 비밀스러운 바람입니다. 우리가 "멈추는" 방법을 아는 것입니다. "멈추다."란 무슨 뜻인가요? 생각을 멈추라는 의미입니다. 만일 미친 마음을 멈출 수 있다면, 그때 더는 말할 것이 없다는 것을 알게 될 것입니다. 선禪을 계속하면, 부처님이 무엇을 의미하는지 금세 볼 수 있을 것입니다. 부처님의 가르침은 매우 심오하여서, 완전히 이해하려면 매우 깊게 파고들어야만 합니다.

시간은 지나고, 연緣은 끝났습니다. 부처님은 멸도하기를 원합니다. 적멸에 들기를 원합니다. 이것이 여러분 모두를 위해서 하고자 하는 마지막 일입니다. 부처님은 은퇴하고 물러서서 쉬기를 원하는 것이 아닙니다. 이미 해탈을 얻은 사람들을 위해서 모범을 보이려 합니다. 부처님은 해탈을 아직 얻지 못한 사람들에게 이 심리적 도구를 사용합니다. 만약 나를 진정으로 사랑한다면, 이제 진정으로 떠나고 싶어 하므로, 떠나도록 두고, 감정적으로 되지 말아주십시오.

나의 중국인 스승님이 떠나고자 했을 때, 그는 78세였습니다. 그는 다른 사람들의 병과 고통을 떠맡으며 평생을 보낸 후, 매우 아팠고, 밤낮으로 큰 고통에 시달렸습니다. 그가 떠나길 원한다고 말했을 때, 제자들이 감정적으로 되어서, 사바세계에서 더 머물러 달라고 청했습니다. 그의 꽤 많은 제자는 그가 더 머물면 계속 큰 고통을 겪어야 한다는 것을 이해했습니다. 따라서 그의 고통을 덜어주겠다고 제안했습니다. 어떤 이들은 그를 위해 향으로 자신의 살을 연비했습니다. 그래서 그는 몇 개월 더 머물기로 결심했습니다.

이것이 나의 최후의 가르침이다.

부처님의 일은 이미 끝났습니다. 부처님은 이미 이 세상에서 가르쳐야 할 모든 것을 가르쳤습니다.

○
『불교유경』
전문

1. 석가모니 부처님이 처음으로 법륜을 굴렸을 때 비구 안나콘단냐를 제도하였다.

2. 부처님은 가장 마지막으로 법을 설하였을 때, 비구 수발타라(須跋陀羅)를 제도하였다. 부처님이 제도해야 할 이들은 이미 다 제도했다. 부처님이 사라쌍수 사이에 누워, 열반에 막 들어가려던 참이었다. 때는 한밤중이라 모두 고요하여, 아무 소리도 없었다. 그때 제자들 모두를 위해 법의 본질(法要)에 대해서 설하였다.

3. 비구들이여! 내가 멸도한 후 마땅히 바라제목차(Pratimoksha)를 존중하고 공경해야 한다. 이는 마치 어둠 속에서 빛을 만난 것과 같고, 가난한 이가 보배를 얻은 것과 같다. 이 사실을 알아야 한다. 이것이 너희들의 큰 스승이니, 이 세상에 내가 실제로 존재하는 것과 다르지 않다.

4. 청정한 계율을 지닌 자는 사고팔거나, 무역해서는 안 된다. 논밭이나 건물을 모으면 안 되고, 사람이나 노비를 부리거나 짐승을 키우면 안 된다. 모든 종류의 농사나 재물을 모으는 것을 불구덩이 피하듯이 멀리해야 한다. 초목을 베거나 밭을 갈거나, 땅을 파서는 안 된다. 또한 탕약을 짓거나, 관

상과 길흉을 점치거나, 하늘의 별이나 달을 보고 흥망을 점치거나 역수산
계歷數算計 등을 하지 말아야 한다. 이런 활동은 모두 바르지 못하다. 몸
가짐을 절제하고, 때를 맞춰서 먹으며, 스스로 청정하게 살아가야 한다.
세상일에 참여하거나 사신 노릇 등을 하면 안 된다. 주술을 부린다거나, 선
약仙藥을 구하지 말고, 높은 가문의 사람과 연줄을 쌓고 너무 친하게 지내거
나, 천한 사람을 업신여기지 말아야 한다. 이런 일들은 모두 해서는 안 된다.
마땅히 곧바른 마음과 정념正念으로 제도하려 노력해야 한다. 자신의 결
점을 감추거나 특별한 모습으로 군중을 현혹하면 안 된다. 네가지 공양을
받되 분량을 알고 만족할 줄 알아야 한다. 공양물을 얻되 축적해서는 안
된다.

5. 이것은 지계持戒의 특징에 대한 일반적인 설명이다. 계는 곧 정순해탈正順
解脫의 근본이다. 그러므로 이를 바라제목차波羅提木叉라고 한다. 이 계
율에 의지하면 모든 선정을 일으키고, 고를 멸하는 지혜에 도달할 수 있다.

6. 그렇기에 비구들아 마땅히 청정한 계를 지니고, 훼손하거나 결함이 없도
록 해야 한다. 청정한 계를 지니면 능히 선법善法을 가질 수 있게되지만,
청정한 계가 없으면 좋은 공덕(善功德)이 생겨날 수 없다. 그러니 마땅히
알아야 한다. 계는 제일 안온한 공덕이 머무르는 곳이다.

7. 비구들이여! 이미 계율에 머물 수 있다면, 마땅히 오근五根을 잘 제어해야
하고, 방일放逸하지 말고, 오욕五欲에 빠져들지 않게 해야 한다. 이는 마
치 소를 치는 사람이 막대기를 쥐고 지켜보다가, 소가 제멋대로 뛰쳐나와
다른 사람의 싹트는 곡식을 짓밟지 못하게 하는 것과 같다. 오근五根을 제
멋대로 풀어놓으면 장차 오욕이 끝없이 펼쳐져서 도저히 제어할 수 없다.

8. 마치 사나운 말과 같아서 굳게 재갈을 채우지 않으면 결국 사람을 끌어다
가 구덩이에 처박아 넣는다. 도둑의 침해를 당하면 괴로움이 한생에 끝나
지만, 오근五根 도둑의 화는 그 재앙이 여러 생에 미쳐서 해害가 심히 중
하니 반드시 삼가야 한다. 그러므로 지혜로운 사람은 오근을 다스려 따르

지 않는다. 오근 지키기를 도둑 잡듯이 하여 함부로 날뛰도록 놔두지 않아야 한다. 잠시 놓아두면 오래지 않아 그것들의 파멸을 보게 될 것이다.

9. 이 오근根者의 주인은 바로 마음이니 마땅히 마음을 잘 제어해야 한다. 마음은 독사, 맹수나 원적보다도 더 위험하다. 큰 불길이 넘쳐 번지는 것도 그에 비할 바가 아니다.
마치 꿀 담긴 그릇을 손에 든 사람이 이리저리 까불고 날뛰면서 오직 꿀만 보고 깊은 구덩이는 보지 못하는 것과 같다. 그것은 고삐 끊어진 미친 코끼리나 나무 위에서 이리저리 뛰어다니는 큰 원숭이와 같아서 제어하기가 참으로 어렵다. 마땅히 빨리 기세를 꺾어 제멋대로 방일하지 못하게 해야 한다. 마음을 제멋대로 내버려 두는 자는 사람으로서 좋은 일을 잃는다. 마음을 제어하여 한 곳에 두면 이루지 못할 일이 없다. 그러므로 비구여, 마땅히 부지런히 정진해서 마음을 절복(折伏, 항복받음)해야 한다.

10. 비구들이여! 모든 음식을 받을 때, 약을 복용하듯 해야 한다. 좋든 싫든 음식을 더 먹거나 덜 먹지 말고, 기갈을 없애서 몸을 지탱할 만큼 취해야 한다. 꿀벌은 꽃을 찾아서 오직 맛만 취하지, 색과 향은 해치지 않는다. 비구들도 그와 같이해서 사람들의 공양을 받을 때 번뇌만 면할 정도로 하고, 너무 많이 얻으려고 그 선한 마음을 무너뜨리면 안 된다. 마치 지혜로운 사람은 소가 가진 힘의 많고 적음을 헤아려서 과하지 않게 짐을 지워 그 힘이 다하지 않게 함과 같다.

11. 비구들이여! 낮에는 부지런한 마음으로 선한 법(善法)을 닦아 익히되, 때를 놓치지 않도록 하라. 초저녁과 새벽 시간을 헛되이 보내지 말고, 밤에는 경을 낭송해서 쉬고 싶은 충동을 뿌리 뽑아야 한다. 잠과 관련된 인연으로 아무런 소득 없이 일생을 헛되이 보내지 말라.

12. 마땅히 세간을 태우고 있는 무상無常의 불길을 끊임없이 염두(念)하라. 빨리 스스로 건너도록 하고, 잠자면 안 된다. 번뇌의 도둑은 언제나 원수보다 죽일 준비가 더 많이 되어있다. 어떻게 잠잘 수 있는가? 어떻게 스스로

경계하며 깨우지 않을 수 있겠는가?

13. 번뇌의 독사가 너의 마음에 잠자고 있으니, 비유하자면 검은 뱀이 방에서 잠자고 있는 것과 다름없다. 마땅히 지계의 갈고리로 속히 모두 물리쳐 없애야 한다. 잠자는 뱀이 나간 후에야 비로소 편히 잠잘 수 있는 것과 같다. 그냥 두고 잠을 잔다면 부끄러움이 없는 사람이다. 수치심의 옷은 모든 장엄 중에서도 가장 으뜸이다. 부끄러움은 능히 사람이 악을 행하는 것(非法)으로부터 제어할 수 있는 쇠갈고리와 같다. 그러니 너희들은 언제나 부끄러워할 줄 알아야 하며, 잠시도 그것이 없이 있지 말라. 만일 부끄러워할 줄 모르면 모든 공덕을 잃게 된다. 수치심이 있는 사람은 선법을 지니며, 수치심이 없는 이는 금수와 다를 바가 없다.

14. 비구들이여! 어떤 사람이 와서 사지를 마디마디 찢어도 마땅히 마음을 모아야 한다. 성내거나 한을 품지 말아라. 또한 입을 지켜서 나쁜 말을 내뱉지 말아야 한다. 자신의 성내는 마음을 내버려 두는 것은 곧 스스로 도를 방해하고, 얻은 공덕의 이익을 잃게 하는 것이다. 인욕은 지계와 고행과는 비교할 수 없는 덕이다. 인욕을 행하는 자를 능히 힘 있는 대인大人이라 부를 수 있다.

15. 감로수 마시듯 악담(惡罵)의 독을 기꺼이 참을성 있게 받아들이지 못한다면, 이는 도에 들어간(入道) 지혜로운 사람이라 할 수 없다. 그 까닭은 무엇인가? 성을 내면 모든 선법善法을 부수고 좋은 명예를 헐어버리기 때문이다. 현재나 미래의 사람들은 이런 사람을 보고 싶어 하지 않는다. 마땅히 알아라. 성난 마음은 사나운 불보다 더 나쁘니, 항상 잘 막고 지켜서 마음속에 들어오지 못하게 해야 한다. 자신의 공덕을 빼앗는 도둑 중 분노보다 더한 것은 없다. 욕망의 영향을 받는 재가자와 도를 행하지 않는 자는 스스로 제어할 수단이 없기 때문에 성냄도 오히려 용서될 수 있지만, 출가하여 도를 닦는 자와 욕정이 없는 사람에게는 분노를 품는 것이 허락되지 않는다. 맑게 갠 구름 속에서 갑자기 천둥 벼락이 치면 안 된다.

16. 비구들이여! 스스로 머리를 문지르며, 이미 몸 꾸미기를 버리고, 괴색의 가사를 입고, 발우를 들고, 걸식하면서, 살아가기로 하였다. 자신을 이와 같이 살펴보아야 한다. 교만심이 일어나면 마땅히 빨리 없애야 한다. 교만심을 기르는 것은 세속 사람도 할 일이 아닌데, 하물며 집을 나와 도에 들어온 이는 어떠한가. 해탈을 위해 스스로를 낮추고 걸식해야 한다.

17. 비구들이여! 아첨하는 마음은 도道와 어긋난다. 그러므로 곧은 기질의 마음을 가져야 한다. 아첨은 단지 속일 뿐이니, 도에 들어온 사람은 이것이 쓸모가 없음을 알아야 한다. 그런 이유로 너희 모두는 마땅히 곧은 마음을 가져야 하고, 곧은 성질을 근본으로 삼아야 한다.

18. 비구들이여! 욕망이 많은 사람은 이익을 많이 구하기 때문에 고뇌가 많다. 욕망이 적은 사람은 구하거나 바라는 바가 없어 근심 걱정(此患)이 없다. 곧음이 욕망을 줄이고, 그에 따라서 닦고 익혀야 한다. 욕망이 적은 사람은 능히 모든 공덕을 지을 수 있다.
욕망이 적은 사람은 남에게서 원하는 것을 얻기 위하여 아첨하지 않는다. 게다가 그들은 감각기관에 끌려가지 않는다. 그 결과로 소욕을 행하는 자는 마음이 평안하여 아무 걱정이나 두려움이 없다. 하는 일에 여유가 있고, 언제나 모자람이 없다. 이렇게 욕망을 줄인 사람에게 즉 열반이 있다. 이를 '욕망을 줄인다(少欲)'라고 한다.

19. 비구들이여! 만약 모든 고뇌를 벗어나고자 한다면 마땅히 지족知足을 관해야 한다. 지족의 법은 부유하고 즐거우며 안온安穩한 곳이다. 만족할 줄 아는 사람은 비록 맨땅 위에 누워 있어도 오히려 편안하고 즐겁다. 만족할 줄 모르는 사람은 비록 천상에 있어도 여전히 마음에 들지 않을 것이다. 만족하지 못하는 자는 비록 부유하더라도 가난하다. 만족할 줄 아는 사람은 비록 가난하지만 부유하다. 만족을 모르는 자는 언제나 오욕에 끌려가고, 만족할 줄 아는 사람에게서 불쌍하게 여겨진다. 이것을 지족이라 한다.

20. 비구들이여! 적정무위寂靜無爲의 안락安樂을 구하라. 마땅히 안팎의 심

란心亂과 시끄러움을 떠나 홀로 한가한 곳에 있어야 한다. 조용하고 한가한 곳에 있는 사람은 제석천帝釋天과 모든 천신들도 공경한다. 이러한 이유로 마땅히 나의 무리와 타인의 무리를 버리고, 괴로움의 멸滅에 대한 근본을 관觀하기 위해 비고 고요한 곳에 홀로 거처해야 한다. 만일 무리를 좋아하면 많은 괴로움을 겪을 것이다. 마치 큰 나무에 많은 새가 모이면 그 가지가 시들어 부러질 근심이 있는 것과 같다. 세간 일에 얽매이고 집착하면 늙은 코끼리가 진흙 수렁에 빠져 스스로 헤어 나오지 못하는 것과 같이 여러 겹의 괴로움에 빠진다. 이것을 '원리遠離'라고 한다.

21. 비구들이여! 부지런히 정진한다면 어려운 일이 없을 것이다. 그러므로 너희들 모두는 항상 정진해야 한다. 비유컨대 작은 물방울도 쉬지 않고 떨어지면 돌을 뚫는 것과 같다. 만약 수행자의 마음이 게을러 정진을 쉬게 되면, 마치 나무를 비벼 불씨를 얻으려 할 때 나무가 뜨거워지기도 전에 멈추는 것과 같다. 비록 불씨를 얻으려고 하더라도 얻기가 어렵다. 이것을 '정진精進'이라 한다.

22. 비구들이여! 선지식善知識을 구하거나, 선호조(善護助, 선한 호법자)를 구하는 것은 불망념不忘念만 못하다. 불망념이 있는 자라면 모든 번뇌의 도적이 능히 들어올 수 없다. 이런 까닭으로 너희들 모두는 항상 마음에 있는 생각을 모아야(攝念) 마땅하다. 그 염념을 잊는 자는 모든 공덕을 잃어버릴 것이며, 염력念力이 견고하고 강하면 비록 오욕五欲의 도적 속에 들어가더라도 해침을 받지 않을 것이다. 비유컨대 갑옷으로 무장하고 적진에 나아가서 두려울 것이 없는 것과 같다. 그러므로 '불망념不忘念'이라 부른다.

23. 비구들이여! 마음을 모으면 마음이 곧 정정에 있다. 마음이 정정에 있는 까닭에 세간의 생멸하는 법상法相을 알 수 있다. 그러므로 너희들 모두는 항상 부지런히 선정을 닦아 익혀야 한다. 만약 선정을 이루면 마음이 흩어지지 않는다. 비유하자면 물을 아끼는 집에서 둑이나 못을 잘 관리하는 것과 같다. 선정을 수행하는 자도 그러하다. 지혜의 물을 위해 선정을 잘 닦

고, 그 물이 새어 나가지 않도록 해야 한다. 이것을 정定이라고 한다.

24. 비구들이여! 지혜가 있으면 탐욕과 집착이 없어지는 것이다. 항상 스스로 성찰하여 실수가 없도록 해야 한다. 이것이 바로 나의 법法 중에서 능히 해탈을 얻게 하는 것이다. 만약 그러지 못하는 사람은 이미 수행자도 아니며, 재가자도 아니므로 무엇이라 이름할 수 없는 것이다.
진실한 지혜를 가진 자는 곧 노병사老病死의 바다를 건너는 견고한 배다. 무명의 어두움을 밝히는 크나큰 등불과 같고, 모든 병든 자의 좋은 약과 같고, 번뇌의 나무를 베는 예리한 도끼와 같다. 그러므로 너희들은 지혜를 듣고(聞), 관하고(思), 닦아서(修) 자신을 점점 더 이롭게 해야 한다. 어떤 사람이 비록 육안만 있고 밝게 비추는 지혜가 있다면, 명확하게 볼 수 있는 것이다. 이것을 '지혜'라고 한다.

25. 비구들이여! 자주 희론戱論을 일삼는다면, 마음은 산란해진다. 비록 출가했더라도 오히려 해탈을 얻지 못할 것이다. 그런 이유로 비구들 너희는 재빨리 어지러운 마음과 희론을 버리고 멀리해야 한다. 만일 너희들이 적멸의 즐거움을 얻고자 한다면, 오직 희론으로부터 오는 환난을 잘 멸해야 한다. 이것을 '불희론不戱論'이라고 부른다.

26. 비구들이여! 모든 공덕에 항상 일심이어야 한다. 마치 원수인 도적을 여의듯 모든 방일放逸을 버려야 한다. 크게 자비로운 세존이 너희를 위해 해야 할 설명은 이미 끝났다. 너희들은 오로지 부지런히 그것을 행하면 된다. 산에 있든, 혹은 황량한 풀밭에 있든, 나무 밑에 있든, 평화로운 곳에 있든, 고요한 방에 있든, 그대들이 받은 법을 마음에 두고, 잊거나 잃지 않도록 한다. 항상 스스로 격려하고, 정진하여 닦아야 한다. 한 일도 없이 헛되이 죽으면 뒤에 후회함이 있을 것이다. 나는 마치 좋은 의사와 같이 병을 알아 약을 처방하니, 복용하거나 복용하지 않는 것은 의사의 허물이 아니다. 나는 또한 사람들을 선한 길로 인도하는 좋은 인도자이다. 그것을 듣고 행하지 않는 것은 인도하는 사람의 허물이 아니다.

27. 비구들이여! 만약 고苦 등의 사성제四聖諦에 대한 의심이 있으면 빨리 질

문하라. 의심을 품고 있으면서, 해결을 구하지 말아라. 이때 세존께서 이처럼 세 번 말했지만 아무도 묻는 사람이 없었다. 대중 모두 아무런 의심이 없었기 때문이다.

그때 아누루다는 대중의 마음을 관하고 부처님에게 사뢰었다. "세존이시여, 달은 뜨거워지고, 해는 차가워질 수 있지만, 부처님이 설하신 사성제는 그렇지 않습니다. 부처님이 가르친 고성제는 실로 고苦입니다. 그것을 낙樂이라 할 수 없습니다. 집성제集聖諦는 진실로 그것의 원인原因이고, 다른 어떤 원인도 없습니다. 고苦를 멸하려면, 고의 원인을 멸해야만 합니다. 그 원인이 멸하는 까닭으로 결과도 멸합니다. 고苦를 멸하는 길이 실로 진실의 길입니다. 그 외 다른 길은 없습니다. 세존이시여, 이 모든 비구는 사성제에 대해서 확신하며, 의심이 없습니다."

28. 이(칠부) 대중 가운데 아직 해야 할 일을 마치지 못한 자는 부처님의 멸도를 보고, 당연히 슬픈 감정을 드러낼 것이다. 혹은 처음으로 불법에 들어온 자는 부처님의 설하신 것을 듣고 모두 도탈度脫을 얻을 것이다. 비유를 들자면 밤에 번갯불을 보는 것처럼 도를 보았다. 이미 할 일을 하여 이미 고해苦海를 건넌 자는 단지 한 생각만 할 것이다.
'세존의 멸도가 한결같이 어찌 이리도 빠른가?'
아누루다는 다음과 같이 말했다.
"대중이 모두 다 사성제의 의미를 통달했습니다."
세존께서는 이 모든 대중으로 하여금 견고함을 얻게 하고자 대중을위하여 대비심으로 다시 설하였다.
"비구들이여! 슬픔과 번뇌를 품지 말라. 만약 내가 세상에 한 겁을 머문다고 하더라도 반드시 멸도하고 말 것이니, 만나서 떠나지 않는 것은 불가능하다. 자기도 이롭고 남도 이롭게 하는 것은 법에 모두 갖추어져 있느니라. 만약 내가 오래 머물지라도 다시 더 이익될 것이 없느니라. 응당 제도할 수 있는 자는 천상이나 인간계에 모두 다 이미 제도되었고, 그 가운데 아직 제도되지 못한 자는 또한 모두 이미 제도를 얻을 인연을 지었느니라. 지금부터 이후로 나의 모든 제자들이 쉬지 않고 이것들을 행하면 여래의 법신이 항상 머물러 멸하지 않으리라."

29. 이런 까닭으로 마땅히 알아야 한다. 세상의 모든 것은 무상하다. 만나면 반드시 떠남이 있는 것이니, 근심과 괴로움을 마음에 두지 말라. 세상의 모든 모습이란 이와 같은 것이니, 마땅히 부지런히 정진하여 조속히 해탈을 구하라. 지혜의 밝음으로써 모든 우치愚癡의 어둠을 멸하라. 세상은 실로 위태로워 견고한 것이 없느니라. 내가 지금 멸도하는 것은 마치 악한 병을 제거하는 것과 같다. 이것은 응당 버려야 할 몸이며, 죄악의 물건이고, 거짓 이름으로 된 몸이라 생로병사의 큰 바다에 빠져있거늘, 어찌 지혜 있는 사람이 그 몸을 제거하여 없애기를, 마치 원수인 도적을 죽이는 것처럼, 기뻐하지 않겠는가?

30. 비구들이여! 항상 일심一心으로 부지런히 세간의 움직임이 있는 모든 법과 움직임이 없는 모든 법에서 벗어나는 길을 구하라. 그것들은 다 부서지고 파괴되는 불안한 모습이다. 너희들은 모두 멈춰라. 더는 말할 것이 없다. 때는 장차 지나가려 하고, 나는 멸도하고자 한다. 이것이 나의 최후의 가르침이다.

저자 및 역자 소개

영화 스님

베트남 남부에서 태어났으며, 대학 진학을 위해 1973년 미국으로 건너가 미네소타 대학에서 이공계 학사, 시카고 대학교에서 MBA 경영학 석사 학위를 받았다. 『포춘』 선정 세계 500대 기업에서 승진을 거듭해 경영진의 자리에 오른 후, 자신이 비즈니스 세계에 환멸을 느낀다는 것을 알게 되었다. 이 무렵 선화 상인의 가르침을 접하고 자신의 참된 소명을 발견하여, 1995년에 선화 상인을 은사로 출가하고, 그 후 수행과 정법을 펼치는 데 진력하고 있다.

영화 스님은 중국 위앙종 9대 조사인 선화 상인뿐 아니라 베트남계 만각 스님의 임제종에서도 영향을 받았다. 영화 스님은 이제 불법을 널리 설하고 차세대 수행자 양성에 힘쓰며, "스승의 은혜를 갚는다."라는 불교의 전통을 이어가고 있다.

영화 스님은 2005년에 국제보리광(國際菩提光, Bodhi Light International)을 설립하고 제자를 지도하기 시작했다. BLI는 미국 캘리포니아 로스앤젤레스에 2012년 첫 도량 노산사(廬山寺, Lu Mountain Temple)와 2017년 위산사(潙山寺, Wei Mountain Temple)를 건립하였다. 그에 이어서 2020년 캘리포니아 산호세 금림선사(金林禪寺, Gold Forest Chan Meditation Center), 한국 보산사(寶山寺, Jeweled Mountain Temple), 2021년 분당 보라선원寶螺禪院, 2022년 샌프란시스코 법장사法藏寺도 연이어 문을 열었다. 그동안 영화 스님에게 지도받은 많은 제자가 수행력을 갖춘 참선 수행자와 정토 수행자가 되었다. 영화 스님은 미국, 유럽, 중국, 대만, 베트남, 한국 등 다양한 국적의 출가인 제자가 있으며, 세계 곳곳에 많은 재가인 제자들이 그의 가르침을 따라서 수행하고 있다.

영화 스님은 선과 정토를 함께 수행하는 선정쌍수禪淨雙修를 제창하고 있다. 영화 스님은 우리가 일상에서 성인들의 지혜를 꿰뚫어 실생활에 적용할 수 있도록 부처님의 가르침을 이해하기 쉽고 실질적으로 가르치고 있다.

역자 소개

상욱 스님

2011년 자우 스님을 은사로 출가하여, 봉녕사 승가대학을 졸업하였다. 현재 미국에서 영화 스님의 지도 아래 수행하고 있다.

현안 스님

2019년 영화 스님을 은사로 미국에서 출가하여, 미국 위산사 등에서 수행하였다. 현재 분당 보라선원에서 수행하고 있다. 지은 책으로는 『보물산에 갔다 빈손으로 오다』가 있다.

김윤정

고려대학교에서 중어중문학을 전공했고 파주 타이포그라피학교에서 디자인 인문과정을 이수하였다. 영화 스님의 지도 아래 수행하고 있다.

영화 선사의 대승 수행 도량

한국

청주 보산사

충북 청주시 흥덕구 강내면 태성탑연로 377

T: 070-8860-3770

분당 보라선원

경기도 성남시 분당구 백현로101번길 20 그린프라자 2층과 5층

T: 031-714-5171 / E: jcseoncenter@gmail.com

미국

Wei Mountain Temple 위산사 潙山寺

7732 Emerson Pl, Rosemead, CA 91770, USA

Tel: (626) 766 - 1009

Lu Mountain Temple 노산사 廬山寺

7509 Mooney Drive, Rosemead, CA 91770, USA

Tel: (626) 280-8801

Gold Forest Chan Meditation Center 금림선사 金林禪寺
796 Delmas Ave, San Jose, CA 95125, USA

Dharma Treasury Temple 법장사 法藏寺
3201 Ulloa St, San Francisco, CA 94116, USA

전체 문의 이메일 info@chanpureland.org

불유교경

초판 1쇄 발행 2023년 4월 20일

지은이 영화 스님
옮긴이 상욱 스님 · 현안스님 · 김윤정
발행인 김미숙
편집인 김성동
펴낸곳 도서출판 어의운하
주소 경기도 고양시 일산 서구 덕이로250, 102호
전화 070-4410-8050
팩시밀리 0303-3444-8050
페이스북 https://www.facebook.com/you-think
블로그 https://blog.naver.com/you-think
이메일 you-think@naver.com
출판등록 제406-2018-000137

ISBN 979-11-977080-4-6 (03220)

- 책값은 뒤표지에 있습니다.
- 잘못된 책은 구입하신 서점에서 바꿔드립니다.